Anthony de Mello

Weisheit kommt aus dem Herzen

HERDER spektrum

Band 6105

Das Buch

„Warum ist hier jeder glücklich außer mir?" – „Weil sie gelernt haben, überall Güte und Schönheit zu sehen", sagte der Meister. – „Warum sehe ich nicht überall Güte und Schönheit?" – „Weil du draußen nicht etwas sehen kannst, was du in deinem Inneren nicht siehst."

Anthony de Mello bringt das Wesentliche auf den Punkt und lehrt uns: Das Glück findet, wer in sein Inneres schaut und auf sein Herz hört. In kleinen, klugen Geschichten, gesammelt in aller Welt, erzählt er mit Humor und Tiefsinn vom Leben und zeigt, worauf es wirklich ankommt. Dabei wird deutlich: Es sind die kleinen Dinge, die erfüllen. Innehalten und sich selbst mit anderen Augen betrachten hilft, das zu erkennen. Und manchmal genügt es, das Ganze einfach nicht so ernst zu nehmen: „Was ist das Geheimnis deiner Ruhe und Gelassenheit?", fragten die Schüler. Sagte der Meister: „Aus dem Herzen kommendes, uneingeschränktes Kooperieren mit dem Unvermeidlichen."

Ein erfrischendes Lesevergnügen, das uns dem Glück ein Stück näherbringt.

Der Autor

Anthony de Mello, geb. 1931 in Bombay, studierte nach seinem Eintritt in den Jesuitenorden Philosophie, Theologie und Psychologie in Barcelona, Poona, Chicago und Rom. Bis zu seinem Tod 1987 leitete er ein Beratungs- und Ausbildungszentrum in Lonavla in Indien. In seiner Arbeit verband er die Spiritualität des Ostens mit westlichen Weisheitstraditionen. Bei Herder Spektrum u. a.: Warum der Schäfer jedes Wetter liebt (Band 5660); Warum der Vogel singt (Band 5661); Wer bringt das Pferd zum Fliegen? (Band 5662); Eine Minute Weisheit (Band 5663); Wie ein Fisch im Wasser (Band 5664); Zeiten des Glücks (Band 7032).

Anthony de Mello

Weisheit kommt aus dem Herzen

Ein Lesebuch für Glückssucher

Herausgegeben von Marlene Fritsch

HERDER

FREIBURG · BASEL · WIEN

Originalausgabe

2. Auflage 2010

© Verlag Herder GmbH, Freiburg im Breisgau 2009
Alle Rechte vorbehalten
www.herder.de

Umschlagkonzeption und –gestaltung:
R·M·E Eschlbeck / Botzenhardt / Kreuzer
Umschlagmotiv: © Getty Images

Herstellung: fgb · freiburger graphische betriebe
www.fgb.de

Gedruckt auf umweltfreundlichem, chlorfrei gebleichtem Papier
Printed in Germany

ISBN 978-3-451-06105-9

Inhalt

Dem Geheimnis auf der Spur
Von Gott, dem Leben und anderem Glück

Unterwegs zum Glück

Die Geburt seines ersten Kindes erfüllte den Meister mit Freude. Staunend blickte er das Neugeborene immer wieder an.
„Was wünschst du ihm, einmal zu sein, wenn es groß geworden ist?", fragte ihn jemand.
„Maßlos glücklich", antwortete der Meister.

Die meisten von uns versuchen ihr ganzes Leben lang, genau das zu werden, was der Meister hier seinem Kind wünscht. Wir Menschen sind Glückssucher, wir möchten „maßlos glücklich" sein, das ist uns häufig schon als Kind von unseren Eltern in die Wiege gelegt worden. Oft wissen wir aber gar nicht, was wir selbst unter Glück verstehen oder wann wir diesen Zustand erreicht haben. Es ist mehr ein vages Ziel, zu dem wir unterwegs sind und an dem wir nie anzukommen scheinen.

Anthony de Mello hat, so wie die weisen Lehrer in seinen Geschichten, kein Erfolgskonzept, keine Methode anzubieten, wie wir das Glück finden können. Und das ist auch gar nicht seine Absicht, denn er weiß, dass das Glück für jeden Menschen anders aussieht. Seine kleinen Geschichten sind jedoch Wegweiser für uns, die uns bei unserer Wanderung durch unser Leben helfen können, nicht in die Irre zu gehen, vielleicht auch einmal eine Abkürzung zu wagen oder aber einfach auf dem richtigen Weg zu bleiben. Dabei sind sie aber nicht eindeutig, das heißt, sie verstehen sich nicht als zu befolgende Regel, was zu tun und zu lassen, was richtig und falsch ist. Manchmal sind sie sogar ganz und gar gegensätzlich in dem, was man an Deutung aus ihnen herauslesen kann. Doch genau das ist die Absicht des Autors: Er will keine vorgefertigten Meinungen anbieten, sondern dem Leser Raum geben, seinen eigenen Standpunkt zu finden. Er möchte zum Nach-denken anregen, im doppelten Wortsinn.

Wo können wir nun also das Glück finden? Anthony de Mellos Geschichten zeigen uns, dass es drei Bereiche gibt, in denen wir unsere Suche beginnen können: in uns selbst, in anderen und in Gott oder dem „Mehr" in unserem Leben, das uns hilft, über unser pures Dasein hinauszuwachsen. Alle drei Bereiche sind aufeinander bezogen; dennoch ist der erste – in uns selbst das Glück zu suchen – wohl tatsächlich der wichtigste Schritt auf dem Weg der Glückssuche. Wer in sich selbst Glück findet, wird es auch bei anderen oder in anderen Dingen finden. Hilfreich kann dabei die zentrale Botschaft Anthony de Mellos sein, die in nahezu allen seinen Texten steckt: Glück ist, was man selbst dafür hält. Deshalb kommt es vor allem auf die Perspektive an, aus der man die eigene Lage betrachtet:

Ein Mann stieg in einen Bus und kam neben einem jungen Mann zu sitzen, der offensichtlich ein Hippie war. Er hatte nur einen Schuh an.
„Du hast wohl einen Schuh verloren, mein Junge."
„Nein, guter Mann", lautete die Antwort, „ich habe einen gefunden."

Viel Vergnügen beim Lesen und Suchen – vielleicht merken Sie am Ende, dass Sie sogar den zweiten Schuh gefunden haben!

M. Fritsch, Stuttgart im Januar 2009

Weisheit
kommt aus dem Herzen

Auf der Suche nach dem eigenen Glück

Wer bin ich?

Offenlegen

Eines Tages fragte der Meister: „Was haltet ihr für die wichtigste religiöse Frage?"

Er erhielt viele Antworten.

„Gibt es einen Gott?"

„Wer ist Gott?"

„Welcher Weg führt zu Gott?"

„Gibt es ein Leben nach dem Tode?"

„Nein", sagte der Meister, „die wichtigste Frage lautet: ‚Wer bin ich?'"

Die Schüler begannen zu ahnen, was er damit sagen wollte, als sie sein Gespräch mit einem Prediger mithörten.

Meister: „Ihr meint also, wenn Ihr sterbt, wird Eure Seele im Himmel sein?"

Prediger: „Ja."

Meister: „Und Euer Körper wird im Grab sein?"

Prediger: „Ja."

Meister: „Und wo, darf ich fragen, werdet Ihr sein?"

Auszeichnung

Der Meister schlenderte mit einigen Schülern an einem Flußufer entlang.

Er sagte: „Seht, wie die Fische umherschnellen, wo es ihnen gefällt. Das genießen sie wirklich."

Ein Fremder, der diese Bemerkung mithörte, sagte: „Woher wißt Ihr, was die Fische genießen – Ihr seid doch kein Fisch?"

Den Schülern verschlug es den Atem vor dieser, wie sie meinten, Unverschämtheit. Der Meister lächelte über diesen, wie er wohl erkannte, unerschrockenen Wissensdrang.

Er erwiderte freundlich: „Und du, mein Freund, woher weißt du, daß ich kein Fisch bin – du bist doch nicht ich?"

Die Schüler lachten über diese, wie es ihnen vorkam, wohlverdiente Zurechtweisung. Nur der Fremde war betroffen von ihrem tiefen Sinn.

Den ganzen Tag grübelte er darüber nach, kam dann zum Kloster und sagte: „Vielleicht seid Ihr wirklich gar nicht so verschieden von einem Fisch, wie ich dachte. Oder ich von Euch."

Tiefe

Sagte der Meister zu dem Geschäftsmann: „Wie der Fisch zugrunde geht auf dem Trockenen, so geht Ihr zugrunde, wenn Ihr Euch verstrickt in den Dingen der Welt. Der Fisch muß zurück in das Wasser – Ihr müßt zurück in die Einsamkeit."

Der Geschäftsmann war entsetzt. „Muß ich mein Geschäft aufgeben und in ein Kloster gehen?"

„Nein, nein. Behaltet Euer Geschäft und geht in Euer Herz."

Wegmeißeln

Als der Meister gefragt wurde, was er an seinen Schülern tue, sagte er: „Dasselbe, was ein Bildhauer an einer Tigerstatue tut: Er nimmt einen Marmorblock und schlägt alles ab, was nicht wie ein Tiger aussieht."

Als seine Schüler später wissen wollten, was er damit genau meinte, sagte der Meister: „Meine Aufgabe ist, alles wegzumeißeln, was nicht du bist: jedes Denken, Empfinden, jedes Verhalten, jeden Zwang, der dir aus deiner Bildung und Vergangenheit anhaftet."

Ein irdenes Gefäß

Der Meister besaß das, was unter den Begriff „Ehrfurcht vor dem menschlichen Leib" fällt. Als ein Schüler den Leib als ein „irdenes Gefäß" einstufte, zitierte der Meister begeistert den Dichter Kabir:

„Im Innern dieses irdenen Gefäßes
sind tiefe Schluchten und Himalaya-Berge,
die sieben Meere sind da
und tausend Millionen Milchstraßen,
die Musik der Sphären
und die Quelle von Wasserfällen
und Flüssen."

Verheimlichung

Der Meister erzählte einmal von einer kostbaren antiken Schale, die bei einer öffentlichen Versteigerung ein Vermögen einbrachte. Ein Landstreicher, der in Armut gestorben war, hatte damit um Almosen gebettelt, ohne ihren Wert zu ahnen.

Als ein Schüler den Meister fragte, was die Schale bedeuten sollte, sagte der Meister: „Dein Selbst."

Man bat ihn, das näher zu erklären. Er sagte: „Ihr verschwendet eure Aufmerksamkeit auf Kleinkram, den ihr als Wissen bei Lehrern und aus Büchern sammelt. Ihr tätet besser, die Schale zu beachten, in der ihr dieses Wissen aufnehmt."

Adler oder Huhn?

Durch eine Verkettung von Umständen gelangte das Ei eines Adlers in ein Nest im hintersten Winkel einer Scheune, in dem eine Henne auf ihren Eiern brütete. Als es soweit war, schlüpfte der kleine Adler mit den anderen Küken aus.

Die Zeit verging, und der kleine Vogel begann auf unerklärliche Weise sich danach zu sehnen, fliegen zu können. Also sagte er zu seiner Mutter, der Henne: „Wann werde ich fliegen lernen?"

Der armen Henne war durchaus bewußt, daß sie nicht fliegen konnte und auch nicht die geringste Ahnung hatte, was andere Vögel taten, um ihre Jungen die Kunst des Fliegens zu lehren. Aber sie genierte sich, diese Unzulänglichkeit zuzugeben, und sagte daher: „Noch nicht, Kind, noch nicht. Ich werde es dir beibringen, wenn du soweit bist."

Monate vergingen, und der junge Adler begann zu argwöhnen, daß seine Mutter nicht fliegen konnte. Aber er brachte es nicht fertig, auszubrechen und auf eigene Faust loszufliegen, denn seine Sehnsucht zu fliegen war in Konflikt geraten mit der Dankbarkeit, die er gegenüber dem Vogel, der ihn ausgebrütet hatte, empfand.

Wer bist du?

Eine Frau lag im Koma. Plötzlich hatte sie das Gefühl, sie käme in den Himmel und stände vor dem Richterstuhl.

„Wer bist du?", fragte eine Stimme.

„Ich bin die Frau des Bürgermeisters", erwiderte sie.

„Ich habe nicht gefragt, wessen Ehefrau du bist, sondern wer du bist."

„Ich bin die Mutter von vier Kindern."

„Ich habe nicht gefragt, wessen Mutter du bist, sondern wer du bist."

„Ich bin Lehrerin."

„Ich habe nicht nach deinem Beruf gefragt, sondern wer du bist."

Und so ging es weiter. Alles, was sie erwiderte, schien keine befriedigende Antwort auf die Frage zu sein: „Wer bist du?"

„Ich bin eine Christin."

„Ich fragte nicht, welcher Religion du angehörst, sondern wer du bist."

„Ich bin die, die jeden Tag in die Kirche ging und immer den Armen und Hilfsbedürftigen half."

„Ich fragte nicht, was du tatest, sondern wer du bist."

Offensichtlich bestand sie die Prüfung nicht, denn sie wurde zurück auf die Erde geschickt. Als sie wieder gesund war, beschloß sie, herauszufinden, wer sie war. Und darin lag der ganze Unterschied.

Deine Pflicht ist es zu sein. Nicht irgend jemand, nicht ein Niemand – denn darin liegt Habgier und Ehrgeiz –, nicht dies oder jenes zu sein – und dadurch abhängig zu werden –, sondern einfach zu sein.

Wer ist Maruf Karkhi?

Ein Schüler kam zu Maruf Karkhi, dem Moslem-Meister, und sagte: „Ich habe mit anderen Leuten über dich gesprochen. Die Juden sagen, du seist einer der ihren. Die Christen halten dich für einen ihrer Heiligen. Und die Muslime sehen in dir eine Zierde des Islam."

Maruf erwiderte: „So reden sie hier in Bagdad. Als ich in Jerusalem lebte, nannten mich die Juden einen Christen; die Christen einen Muslim und die Muslime einen Juden."

„Was sollen wir also von dir halten?"

„Haltet mich für einen Mann, der folgendes von sich sagte: ‚Die, die mich nicht verstehen, verehren mich. Die, die mich schmähen, verstehen mich auch nicht.'"

Wenn du denkst, du seist der,
für den dich Freunde und Feinde halten,
kennst du dich offensichtlich selbst nicht.

Der geheimnisvollste Gegenstand

Ein älterer Herr betrieb in einer größeren Stadt ein Antiquitätengeschäft. Eines Tages betrat ein Tourist den Laden und unterhielt sich mit dem alten Mann über die vielen Dinge, die hier aufgestapelt waren.

Sagte der Tourist: „Welches ist für Sie der seltsamste und geheimnisvollste Gegenstand, den Sie hier haben?"

Der alte Mann warf einen Blick auf die unzähligen Kuriositäten, Antiquitäten, ausgestopften Tiere, Schrumpfköpfe, präparierten Fische und Vögel, archäologischen Fundstücke, Hirschköpfe … wandte sich dann dem Touristen zu und sagte: „Das seltsamste Ding in diesem Laden bin zweifellos ich selbst."

Wohin du auch gehst

Es gibt eine aufschlußreiche Geschichte von einem Mönch, der in der ägyptischen Wüste lebte und so von Versuchungen gequält wurde, daß er es nicht mehr länger aushalten konnte. Er beschloß also, seine Zelle zu verlassen und an einen anderen Ort zu gehen.

Als er seine Sandalen anlegte, um seinen Beschluß auszuführen, sah er nicht weit entfernt einen anderen Mönch, der sich auch die Sandalen anzog.

„Wer bist du?", fragte er den Fremden.

„Ich bin dein eigenes Ich", lautete die Antwort, „solltest du etwa meinetwegen diesen Ort verlassen, dann wisse, wohin du auch immer gehst, ich stets mit dir gehen werde."

Ein verzweifelter Patient sagte zu seinem Psychiater: „Wohin ich auch gehe, immer muß ich mich mitnehmen, und das verdirbt mir jeden Spaß."

Wovor du wegläufst und wonach du dich sehnst, beides ist in dir.

Schwarze Luftballons genauso gut?

Ein kleiner schwarzer Junge beobachtete den Luftballon-verkäufer auf einem Jahrmarkt. Der Mann war offensichtlich ein guter Verkäufer, denn er ließ einen roten Ballon hoch in die Luft steigen und lockte so eine Menge interessierter junger Käufer an.

Dann ließ er einen blauen Ballon steigen, dann einen gelben und schließlich einen weißen. Alle stiegen hoch in die Lüfte, bis sie verschwanden. Der kleine schwarze Junge betrachtete den schwarzen Ballon eine ganze Weile und fragte dann: „Sir, wenn Sie den schwarzen lossausen ließen, würde er genauso hoch steigen wie die anderen?"

Der Luftballonverkäufer lächelte den Jungen verständnisvoll an. Er durchschnitt die Schnur, die den schwarzen Ballon hielt, und als dieser hochstieg, sagte er: „Es ist nicht die Farbe, mein Junge. Was drinnen ist, läßt ihn steigen."

Innenraum

Der Schüler bat um ein Wort der Weisheit. Sagte der Meister: „Geh, setz dich in deine Zelle und deine Zelle wird dich Weisheit lehren."

„Aber ich habe keine Zelle. Ich bin kein Mönch."

„Natürlich hast du eine Zelle. Blick in dich."

Spiegelung

„Warum ist hier jeder glücklich außer mir?"
„Weil sie gelernt haben, überall Güte und Schönheit zu sehen", sagte der Meister.
„Warum sehe ich nicht überall Güte und Schönheit?"
„Weil du draußen nicht etwas sehen kannst, was du in deinem Inneren nicht siehst."

Erleuchtung

Der Meister befürwortete beides: Gelehrsamkeit und Weisheit.
„Gelehrsamkeit", sagte er auf eine Frage, „erwirbt man durch Bücherlesen oder indem man Vorlesungen besucht."
„Und Weisheit?"
„Indem du das Buch liest, das du selbst bist."
Er fügte noch hinzu: „Das ist durchaus keine einfache Aufgabe, denn stündlich kommt eine Neuauflage des Buches heraus!"

Leben im Hier und Jetzt

Beschilderung

Das Leben ist wie eine Flasche voll berauschenden Weines. Einige begnügen sich damit, die Schilder auf der Flasche zu lesen. Einige probieren den Inhalt.

Buddha zeigte seinen Schülern einst eine Blume und forderte jeden auf, etwas über sie zu sagen.

Eine Weile betrachteten sie sie schweigend.

Einer hielt eine philosophische Abhandlung über die Blume. Ein anderer verfaßte ein Gedicht, wieder ein anderer ein Gleichnis. Alle waren bemüht, einander an Tiefsinn auszustechen.

Sie stellten Etiketten her!

Mahakashyap blickte auf die Blume, lächelte und sagte nichts. Nur er hatte sie gesehen.

Wenn ich nur einen Vogel genießen könnte, eine Blume, einen Baum, ein Menschengesicht! Aber leider! Ich habe keine Zeit! Ich bin zu sehr damit beschäftigt, die Aufschriften zu lesen und selbst welche zu verfassen. Nie war ich auch nur einmal trunken von dem Wein.

Verpaßte Gelegenheit

Der alte Mann hatte den größten Teil seines Lebens auf einer Insel verbracht, die als eine der schönsten der Welt galt. Nun war er zurückgekommen, um nach seiner Pensionierung in der Großstadt zu leben. Jemand sagte zu ihm: „Es muß herrlich gewesen sein, so viele Jahre auf einer Insel zu leben, die zu den Wundern dieser Welt gezählt wird."

Der alte Mann dachte ein wenig nach und sagte dann: „Um ehrlich zu sein, wenn ich gewußt hätte, daß sie so berühmt ist, hätte ich sie mir angesehen."

Menschen sind zum Sehen geboren und brauchen es nicht zu lernen. Sie sollten nur vor Lehren geschützt werden, die sie blind machen.

Ein schöner Tag

Als der Meister mit einer Gruppe von Lehrern zusammentraf, unterhielt er sich lange und angeregt mit ihnen, denn er war selbst einmal Lehrer gewesen. „Das Schlimme bei den Lehrern ist", sagte er, „daß sie immer wieder vergessen, was das Ziel der Erziehung ist, nämlich nicht das Lernen, sondern das Leben."

Und er erzählte, wie er einmal einen Jungen, der eigentlich in der Schule sein sollte, beim Fischen erwischte.

„Hallo, ein schöner Tag zum Fischen!", sagte er zu dem Kerl.

„Ja", kam es kurz und bündig zurück.

Nach einer Weile fragte der Meister: „Warum bist du heute nicht in der Schule?"

„Nun, wie Sie ja eben selbst gesagt haben – es ist ein schöner Tag zum Fischen."

Dann erzählte der Meister vom Schulzeugnis seiner kleinen Tochter, in dem als Bemerkung stand: „Meena ist eine gute Schülerin. Sie könnte noch bessere Noten erreichen, wenn ihre pure Lebensfreude nicht Ihren Lernerfolg behindern würde."

Wie der Vogel

Der Meister sprach gern darüber, wie Natur und Heiligkeit ineinander verwoben sind. Er saß einmal im Garten, als er ausrief:

„Sieh nur diesen fröhlichen blauen Vogel dort auf dem Ast, wie er hin und her hüpft, sein Lied in die Welt schmettert und sich uneingeschränkter Freude überläßt, weil er nichts von morgen weiß!"

Der gegenwärtige Augenblick

„Mein Leiden ist unerträglich."
Sagte der Meister: „Der gegenwärtige Augenblick ist niemals unerträglich, vielmehr, was du in den nächsten fünf Minuten oder den nächsten fünf Tagen auf dich hereinbrechen siehst, ist es, was dich verzweifeln läßt. Hör auf, in die Zukunft zu leben."

Das Pendel

Der Uhrmacher war gerade dabei, das Pendel einer Uhr zu befestigen, als dieses zu seinem Erstaunen zu sprechen begann.

„Bitte, Sir, lassen Sie mich in Ruhe", bat das Pendel, „Sie täten mir einen großen Gefallen. Bedenken Sie, wie oft ich Tag und Nacht werde ticken müssen. So oft in jeder Minute, sechzig Minuten in der Stunde, vierundzwanzig Stunden am Tag, dreihundertfünfundsechzig Tage im Jahr. Und das Jahr um Jahr … millionenmal ticken. Das schaffe ich nicht."

Aber der Uhrmacher erwiderte weise: „Denke nicht an die Zukunft. Ticke einfach ein um das andere Mal, und du wirst jedes Tick-Tack für den Rest deines Lebens genießen."

Und genau das beschloß das Pendel zu tun. Und so tickt es fröhlich weiter und weiter.

Hier und jetzt leben, macht den Augenblick erträglich.
Unerträglich wird er, wenn der Geist dem Körper um Stunden vorauseilt, sich schon in San Francisco befindet, wenn der Körper noch in Bombay ist.

Genießen

Von einer Reise zurückgekehrt, erzählte der Meister von einer Begebenheit, die er für ein Gleichnis des Lebens hielt.

Während eines kurzen Aufenthaltes ging er an einen einladend aussehenden Essensstand, an dem köstliche Suppen, heißer Curry und alle möglichen verlockenden Gerichte angeboten wurden.

Er bestellte eine Suppe.

„Gehören Sie zu dem Bus?", fragte fürsorgend die Bedienung. Der Meister nickte.

„Es gibt keine Suppe."

„Heißen Curry mit gedämpftem Reis?", fragte der Meister irritiert.

„Nein, wenn Sie zum Bus gehören. Sie können belegte Brote haben. Ich habe den ganzen Morgen gebraucht, um diese Speisen zuzubereiten, und Sie haben kaum zehn Minuten Zeit zum Essen. Ich möchte Sie kein Gericht verzehren lassen, für das Sie nicht die Zeit haben, es zu genießen."

Lieber Steine sammeln

Einer der wenigen Menschen, die bisher auf dem Mond herumgelaufen sind, erzählt, daß er dort oben seine Empfindungen für das Schöne verdrängen mußte.

Er erinnerte sich, daß er auf die Erde hinuntersah und von dem Anblick hingerissen war. Eine Weile wäre er wie angewurzelt stehengeblieben und hätte nur denken können: „Wie schön ist das!"

Dann habe er schnell diese Stimmung abgeschüttelt und sich gesagt:

„Hör auf, deine Zeit zu vergeuden, und sammle lieber Steine."

Keine Zeit zu verlieren

Das Wartezimmer des Arztes war gedrängt voll. Ein älterer Herr stand auf und ging zur Sprechstundenhilfe. „Entschuldigen Sie", sagte er höflich, „ich war um 10 Uhr bestellt, und jetzt ist es fast elf. Ich kann nicht mehr länger warten. Würden Sie mir bitte einen Termin an einem anderen Tag geben?"

Eine der Wartenden beugte sich zu einer anderen Frau und sagte: „Er ist doch mindestens achtzig Jahre alt. Was mag er wohl so dringend vorhaben, daß er nicht länger warten kann?"

Der Herr hörte die geflüsterte Bemerkung. Er wandte sich der Dame zu, verbeugte sich und sagte: „Ich bin siebenundachtzig Jahre alt. Und genau deswegen kann ich mir nicht leisten, auch nur eine Minute der kostbaren Zeit, die ich noch habe, zu vergeuden."

Ein Gleichnis über das moderne Leben

Die Tiere hielten eine Versammlung ab und begannen sich darüber zu beklagen, daß die Menschen ihnen immer wieder Dinge wegnahmen.

„Sie nehmen meine Milch", sagte die Kuh.

„Sie nehmen meine Eier", sagte die Henne.

„Sie nehmen mein Fleisch und machen Speck daraus", sagte das Schwein.

„Sie machen Jagd auf mich wegen meines Öls", sagte der Wal.

Und so ging es fort.

Schließlich sprach die Schnecke. „Ich habe etwas, was sie gerne hätten, und zwar mehr als alles andere. Etwas, was sie mir gerne wegnähmen, wenn sie könnten. Ich habe ZEIT."

Du hast alle Zeit der Welt, wenn du sie dir nur nimmst. Was hält dich davon ab?

Ein Erstrahlen der Ewigkeit

Der Meister muß gewußt haben, daß seine Worte oft über das Verständnis seiner Schüler hinausgingen. Er sagte sie trotzdem im Wissen darum, daß der Tag sicherlich einmal kommen würde, an dem seine Worte in den Herzen derer, die ihn hören, Wurzeln schlagen und erblühen würden.

Eines Tages sagte er:

„Die Zeit erscheint dir immer sehr lang, wenn du wartest – auf Ferien, auf eine Prüfung, auf etwas, wonach du dich sehnst oder wovor du in der Zukunft Angst hast.

Doch denen, die es wagen, sich der Erfahrung des gegenwärtigen Augenblicks auszusetzen – mit keinem Gedanken an die Erfahrung, keinem Verlangen, daß sie wiederkehre oder dich verschone –, wird die Zeit zum Erstrahlen der Ewigkeit."

Himmel

Einem Schüler, den der Gedanke vom Leben nach dem Tode nicht losließ, sagte der Meister: „Warum auch nur einen Augenblick mit dem Gedanken an das Danach verschwenden?"

„Aber ist es denn möglich, das nicht zu tun?"

„Ja."

„Wie?"

„Indem man hier und jetzt im Himmel lebt."

„Und wo ist dieser Himmel?"

„Im Hier und Jetzt."

Illusion

„Wie soll ich Ewiges Leben erlangen?"
„Ewiges Leben ist heute und jetzt. Lebe in der Gegenwart."
„Aber ich bin in der Gegenwart, oder nicht?"
„Nein."
„Warum nicht?"
„Weil du deine Vergangenheit nicht abgeworfen hast."
„Warum sollte ich meine Vergangenheit abwerfen? Nicht alles an ihr ist schlecht."
„Die Vergangenheit muß abgeworfen werden, nicht weil sie schlecht ist, sondern weil sie tot ist."

Das Wichtigste

Kurz nach dem Tod von Rabbi Mokshe fragte Rabbi Mendel einen seiner Schüler: „Was hielt dein Lehrer für das Wichtigste?"
Der Schüler dachte einen Augenblick nach und sagte dann: „Das, was er im Augenblick gerade tat."

Wie ein Kind

Eine Schülerin entschloß sich, dem Meister persönlichere und direktere Fragen zu stellen.

„Glaubst du eigentlich an ein Leben nach dem Tod?", wollte sie von ihm wissen.

„Merkwürdig, daß du dich an dieses Thema so anklammerst", sagte der Meister.

„Warum soll das merkwürdig sein?"

„Hier hast du diesen strahlenden Maientag vor dir", erwiderte der Meister und zeigte aus dem Fenster. − „Wie ein Kind, das sich heute zu essen weigert, weil es weiß, was morgen kommt. Du hast Hunger. Iß dein tägliches Brot!"

Die Wirklichkeit
und ihre Verwandten

Wirklichkeit

Einbildung

Eine Gruppe Touristen, die es aufs flache Land verschlagen hatte, bekam ein Essen vorgesetzt, das ihnen nicht mehr sehr frisch erschien. Bevor sie es selbst aßen, ließen sie einen Hund probieren. Dem schien das Essen zu schmecken, und er zeigte auch keine Nachwirkungen.

Doch am nächsten Tag erfuhren sie, daß der Hund gestorben war. Panik ergriff sie. Viele begannen, sich zu erbrechen, und klagten über Fieber und Durchfall. Ein Arzt wurde gerufen, der die Opfer wegen Lebensmittelvergiftung behandeln sollte.

Der Arzt fragte zunächst, was mit dem Hundekadaver geschehen sei. Es wurde nachgeforscht. Ein Nachbar erklärte beiläufig: „Oh, man warf ihn in einen Graben, weil er von einem Auto überfahren worden war."

Kräht der Hahn

Eine alte Frau beobachtete, daß ihr Hahn mit wissenschaftlicher Präzision jeden Tag genau vor Sonnenaufgang zu krähen begann. Sie folgerte daraus, daß das Krähen ihres Hahnes die Sonne veranlaßte, aufzugehen.

Als ihr Hahn plötzlich starb, kaufte sie ganz schnell einen neuen, damit die Sonne auch bestimmt am anderen Tag aufging.

Eines Tages zerstritt sie sich mit ihren Nachbarn und kündigte bitterböse an, sie werde mit ihrer Schwester aus dem Dorf wegziehen.

Als ihr Hahn am nächsten Tag zu krähen begann und die Sonne etwas später sich ruhig über dem Horizont erhob, wurde ihr bestätigt, was sie schon immer gewußt hatte: die Sonne ging nun hier auf, und ihr früheres Dorf lag in Dunkelheit. Aber, sie hatten es ja nicht anders gewollt!

Sie wunderte sich zwar, daß ihre früheren Nachbarn nie kamen, um sie zu bitten, doch mit ihrem Hahn wieder in das Dorf zurückzukehren. Sie schrieb das einfach ihrer Sturheit und Dummheit zu.

Wie man's sieht

Ein Frosch hatte sein Leben lang in einem Brunnen gewohnt. Eines Tages sah er zu seinem Erstaunen einen anderen Frosch.

„Woher kommst du?", fragte er.

„Aus dem Meer, dort lebe ich", sagte der andere.

„Wie ist das Meer? Ist es so groß wie mein Brunnen?"

Der Meeresfrosch lachte. „Das ist nicht zu vergleichen", sagte er.

Der Brunnenfrosch tat so, als sei er daran interessiert, was sein Besucher über das Meer zu berichten habe. Aber er dachte: „Unter all den Lügnern, die ich in meinem Leben kennengelernt habe, ist dieser hier zweifellos der größte und unverschämteste."

Wegweisung

Ein Mann hatte sich in der Wüste verlaufen. Später, als er seinen Freunden berichtete, was er durchgemacht hatte, erzählte er auch, daß er verzweifelt niedergekniet sei und Gott um Hilfe angefleht habe.

„Antwortete Gott auf dein Gebet?", wurde er gefragt.

„Oh, nein! Ehe er das tun konnte, tauchte ein Forschungsreisender auf und zeigte mir den Weg."

Vorurteil

„Nichts ist gut oder schlecht, solange es das Denken nicht dazu macht", sagte der Meister.

Als er gebeten wurde, das näher zu erklären, sagte er: „Ein Mensch hielt fröhlich sieben Tage in der Woche ein religiöses Fastengebot ein. Sein Nachbar verhungerte bei der gleichen Diät."

Wer von beiden ist der Blinde?

Ein junger Mann, blind von Geburt, verliebte sich in ein Mädchen. Alles ging gut, bis ihm ein Freund sagte, daß das Mädchen nicht sehr hübsch war. Von da an verlor er jedes Interesse an ihr. Schlimm genug! Er hatte sie richtig „gesehen", der Freund war blind gewesen.

Der Unterschied

„Was ist Erleuchtetsein konkret?"

„Die Wirklichkeit so sehen, wie sie ist."

„Sieht denn nicht jeder die Wirklichkeit so, wie sie ist?"

„O nein! Die meisten Menschen sehen sie so, wie sie glauben, daß sie ist."

„Worin liegt der Unterschied?"

„Der Unterschied ist: in einem Fall glaubst du, du ertrinkst in den stürmischen Wogen eines Sees, im anderen weißt du, daß du nicht ertrinken kannst, weil weit und breit kein Wasser ist."

Was an einem kalten Tag zu tun ist

An einem bitterkalten Tag drängten sich ein Rabbi und seine Schüler um ein Feuer. Einer der Schüler, Sprachrohr seines Meisters, sagte: „Ich weiß genau, was an einem so eiskalten Tag wie heute zu tun ist."

„Was?", fragten die anderen.

„Warmhalten. Und wenn das nicht möglich ist, weiß ich immer noch, was zu tun ist."

„Was?"

„Frieren."

Die jeweilige Wirklichkeit kann in Wahrheit weder abgelehnt noch angenommen werden.
Vor ihr davonlaufen, ist, als laufe man seinen eigenen Füßen davon.
Sie anzunehmen, ist, als küsse man die eigenen Lippen. Man kann nichts anderes tun als sehen, verstehen und ruhig sein.

Mißverstanden

„Wenn du über die Wirklichkeit sprichst", sagte der Meister, „bist du versucht, das Nichtsagbare in Worte zu fassen, die mit Sicherheit mißverstanden werden. Daher werden Leute, die diesen Ausdruck der Wirklichkeit, welche ‚die Schriften' genannt werden, lesen, töricht und grausam, wenn sie nicht ihrem gesunden Menschenverstand folgen, sondern sich an das halten, was ihnen ihre Schriften vermeintlich sagen." Der Meister hatte ein perfektes Beispiel bei der Hand, mit dem er dies verdeutlichen konnte.

„Ein Dorfschmied fand einen Lehrling, der bereit war, hart zu arbeiten bei geringer Bezahlung. Ohne lange Umschweife ging der Schmied mit dem jungen Burschen an die Arbeit und erklärte ihm: ‚Wenn ich das Eisen aus dem Feuer nehme, werde ich es auf den Amboß legen, und sobald ich mit dem Kopf nicke, schlägst du mit dem Hammer drauf." Der Lehrling tat genau, was er meinte, daß ihm gesagt worden sei. Und am nächsten Tag war er der Dorfschmied."

Was siehst du?

Der Meister hob hervor, daß die Welt, wie sie die meisten Leute sehen, nicht die Welt der Wirklichkeit ist, sondern eine Welt, die ihr Kopf hervorgebracht hat.

Als ein Schüler das in Frage stellen wollte, nahm der Meister zwei Stöcke und legte sie in Form eines T auf den Boden. Dann fragte er den Schüler: „Was siehst du hier?"

„Den Buchstaben T", antwortete er.

„Genauso habe ich mir es vorgestellt", sagte der Meister. „Es gibt von sich aus keinen Buchstaben T; das T ist die Bedeutung, die du ihm gibst. Was du vor dir siehst, sind zwei abgebrochene Äste in Form von Stöcken."

Wahrheit

Keine Anstrengung

Denjenigen Schülern, die naiv darauf vertrauten, daß sich nichts erreichen läßt ohne den entschiedenen Willen dazu, konnte der Meister sagen: „Die besten Dinge im Leben können nicht durch Willenskraft Wirklichkeit werden."

„Du kannst mit Willenskraft Essen in deinen Mund stecken, aber nicht mit Willenskraft Appetit bekommen. Du kannst dich mit Willenskraft ins Bett legen, aber nicht mit Willenskraft einschlafen. Du kannst mit Willenskraft jemandem ein Kompliment machen, aber nicht mit Willenskraft Bewunderung wecken. Du kannst mit Willenskraft ein Geheimnis mitteilen, aber nicht mit Willenskraft Vertrauen schaffen. Du kannst mit Willenskraft einen Dienst erweisen, aber nicht mit Willenskraft Liebe schenken."

Das Erkennungszeichen

Wahrheit verändert sich auf ihre eigene Weise

Ein Passagier hatte sich auf den verschiedenen Decks eines großen Ozeandampfers verirrt. Schließlich traf er einen Steward und bat ihn, ihm zu helfen, seine Kabine wieder zu finden.

„Welche Nummer hat Ihre Kabine, Sir?", fragte der Steward.

„Das weiß ich nicht, aber ich würde sie sofort erkennen, weil vor dem Bullauge ein Leuchtturm war."

Argwohn

Einem Reisenden, der fragte, wie er einen wahren Meister von einem falschen unterscheiden könnte, sagte der Meister kurz angebunden: „Wenn du selbst nicht unredlich bist, wirst du nicht betrogen werden."

Seinen Schülern sagte der Meister später: „Warum setzen Suchende stets voraus, sie selbst seien ehrlich und brauchten nur einen Test, um betrügerische Meister herausfinden zu können."

Bescheidenheit

Einem Gast, der sich selbst einen Wahrheitssucher nannte, sagte der Meister: „Wenn du die Wahrheit suchst, mußt du vor allem anderen eine Sache besitzen."

„Ich weiß, ein unbezwingbares Verlangen nach Wahrheit."

„Nein. Eine nie nachlassende Bereitschaft zuzugeben, daß du Unrecht haben könntest."

Wahrheit – nicht Job

Ein Mann bat Bayazid, ihn als Schüler anzunehmen. „Wenn du auf der Suche nach Wahrheit bist", sagte Bayazid, „müssen gewisse Anforderungen gestellt und Pflichten erfüllt werden."

„Und das sind?"

„Du wirst Wasser pumpen und Holz hacken müssen, den Haushalt besorgen und kochen."

„Ich bin auf der Suche nach Wahrheit und nicht nach einem Job", sagte der Mann und ging davon.

Der Zauberkasten

„Warum sind viele Leute nicht erleuchtet?"
„Weil sie nicht die Wahrheit suchen, sondern das, was ihnen paßt", sagte der Meister.

Und er machte das an einer Sufi-Geschichte deutlich:

„Ein Mann, der in Geldnot war, versuchte einen rauhen Teppich auf der Straße zu verkaufen. Der erste Passant, dem er ihn anbot, sagte: „Das ist ein grober Teppich und sehr abgenutzt." Und er kaufte ihn zu einem billigen Preis.

Eine Minute später sagte dieser Käufer zu einem anderen Mann, der gerade vorbeikam: „Hier ist ein Teppich, weich wie Seide, Herr; keiner kommt ihm gleich."

Sagte ein Sufi, der alles beobachtet hatte: „Bitte, lieber Teppichverkäufer, stecke mich in deinen Zauberkasten, der einen rauhen Teppich in einen glatten verwandeln kann und einen Kiesel in einen Edelstein."

„Der Zauberkasten", fügte der Meister hinzu, „heißt natürlich Eigennutz: das wirksamste Instrument der Welt, um die Wahrheit in einen Betrug umzukehren."

Wirklich wahr?

Die Schüler waren betroffen, die Lehren des Meisters in einem Magazin ins Lächerliche gezogen zu sehen.

Der Meister blieb gelassen: „Kann etwas wirklich wahr sein", sagte er, „wenn niemand darüber lacht?"

Verantwortung

Der Meister begab sich mit einem seiner Schüler auf eine Reise. Draußen vor dem Dorf trafen sie den Gouverneur, der irrtümlicherweise annahm, sie kämen, ihn in dem Dorf willkommen zu heißen. Er sagte also: „Ihr hättet euch wirklich nicht die Mühe zu machen brauchen, um mich zu begrüßen."

„Ihr irrt, Hoheit", sagte der Schüler. „Wir sind unterwegs auf einer Reise, aber hätten wir gewußt, daß Ihr kommt, hätten wir keine Mühe gescheut, Euch willkommen zu heißen."

Der Meister sagte kein Wort. Gegen Abend bemerkte er: Mußtest du ihm erzählen, daß wir nicht gekommen waren, ihn zu begrüßen? Hast du bemerkt, wie blamiert er sich fühlte?"

„Hätten wir ihm aber nicht die Wahrheit gesagt, dann wären wir der Täuschung schuldig geworden."

„Wir hätten ihn überhaupt nicht getäuscht", sagte der Meister. „Er hätte sich selbst getäuscht."

Auf die Perspektive kommt es an!

Wie man es ansieht

D er Gedanke, daß alles in der Welt vollkommen ist, überstieg das Maß dessen, womit die Schüler einverstanden sein konnten. So faßte es der Meister in Begriffe, die ihrem Verständnis besser entsprachen.

„Gott webt vollkommene Muster mit den Fäden unseres Lebens", sagte er, „sogar mit unseren Sünden. Der Grund, warum wir dies nicht erkennen, liegt darin, daß wir die Rückseite des Teppichs betrachten."

Und noch prägnanter: „Was manche Leute für einen glänzenden Stein halten, erkennt der Juwelier als einen Diamanten."

Rebhühner für einen Richter

Zwei Jäger hatten eine Klage gegeneinander angestrengt. Einer fragte seinen Rechtsanwalt, ob es nicht eine gute Idee wäre, dem Richter ein Paar Rebhühner zu schicken. Der Rechtsanwalt war entsetzt: „Dieser Richter ist stolz auf seine Unbestechlichkeit", sagte er, „eine solche Geste hätte genau die gegenteilige Wirkung der von Ihnen beabsichtigten."
Nachdem der Prozeß vorüber – und gewonnen – war, lud der Mann seinen Rechtsanwalt zum Essen ein und dankte ihm für den Rat hinsichtlich der Rebhühner.
„Wissen Sie", sagte er, „ich habe sie dem Richter doch geschickt im Namen unseres Gegners."

Keine gute Hausfrau

Eine Frau beschwerte sich bei einer Freundin, die sie besuchte, daß ihre Nachbarin keine gute Hausfrau sei. „Du solltest sehen, wie schmutzig ihre Kinder sind – und ihr Haus. Es ist beinahe eine Schande, in der Nachbarschaft zu wohnen. Sieh dir bloß einmal die Wäsche an, die sie draußen auf die Leine gehängt hat. Man erkennt deutlich die schwarzen Streifen auf den Laken und den Handtüchern."
Die Freundin ging zum Fenster und sagte: „Ich glaube, die Wäsche ist ganz sauber, meine Liebe. Die Streifen sind auf deinen Fensterscheiben."

Ich bin kein Ausländer

Ein amerikanischer Tourist reiste zum erstenmal ins Ausland. Als er auf dem ersten fremden Flughafen ankam, mußte er sich zwischen zwei Ausgängen entscheiden. Über dem einen stand: *Bürger*, über dem anderen: *Ausländer*.

Ohne zu zögern, wandte er sich dem ersten zu. Als ihm dann gesagt wurde, er hätte sich in die andere Warteschlange einreihen müssen, widersprach er: „Ich bin doch kein Ausländer. Ich bin Amerikaner."

Glückliche Tochter,
unglücklicher Sohn

Zwei Freundinnen trafen sich nach vielen Jahren wieder. „Erzähl mir", sagte die eine, „wie ist es deinem Sohn ergangen?"

„Mein Sohn, das ist ein armer Kerl", seufzte die andere. „Er ist eine unglückselige Heirat mit einem Mädchen eingegangen, die im Haus nicht einen Finger krummmacht. Sie will nicht kochen, nicht nähen, auch nicht waschen oder putzen. Sie tut nichts als schlafen, faulenzen und lesen. Der arme Junge muß ihr sogar das Frühstück ans Bett bringen. Hält man so etwas für möglich?"

„Das ist wirklich schrecklich! Und wie geht es deiner Tochter?"

„Ach die, ja, die hat Glück gehabt. Sie hat einen Engel geheiratet. Er will nicht, daß sie irgend etwas im Haus tut. Hausangestellte kochen und waschen und putzen. Und jeden Morgen bringt er ihr das Frühstück ans Bett, soll man das für möglich halten? Sie tut nichts weiter als schlafen, so lange sie will, und verbringt den ganzen Tag damit, sich im Bett zu entspannen und zu lesen."

Ernsthaft erkrankt

Der Meister legte seinen Schülern dar, daß Erleuchtung dann eintritt, wenn sie das *nicht-deutende* Sehen erlangt hätten.

Die Schüler wollten nun wissen, was *deutendes* Sehen sei. Der Meister erklärte es ihnen so:

Ein paar katholische Straßenarbeiter waren an einer Baustelle nicht weit weg von einem Bordell beschäftigt, als sie einen Rabbi in dem nicht gerade angesehenen Haus verschwinden sahen.

„Na ja, was kann man schon erwarten?", tuschelten sie einander zu.

Nach einer Weile schlüpfte ein Pastor durch die Tür. Nichts Überraschendes. „Was kann man schon erwarten?"

Daraufhin kam der katholische Pfarrer, der sein Gesicht mit dem Mantel bedeckte, bevor er in dem Haus verschwand.

„Ist das nicht schrecklich? Eines dieser Mädchen muß ernsthaft erkrankt sein."

Übergewechselt

Um denselben Grundsatz zu verdeutlichen, erzählte der Meister bei anderer Gelegenheit, wie er als Kind einmal seinen Vater – einen berühmten Politiker – scharfe Kritik üben hörte an einem Parteianhänger, der zur Opposition übergewechselt war.

„Aber Vater", sagte er ihm, „ein andermal warst du voll des Lobes über den Mann, der die Opposition verließ, um sich deiner Partei anzuschließen."

„Sehr richtig, mein Sohn. Daraus magst du diese wichtige Wahrheit in deinem jungen Leben lernen: Diejenigen, die zur anderen Partei überwechseln, sind Verräter; diejenigen, die zur eigenen Partei kommen, sind Bekehrte."

Tränen um die brennende Fabrik

Als eine Fabrik herunterbrannte, stand der alte Besitzer des Gebäudes davor und weinte laut über den Verlust. „Dad, warum weinst du?", fragte sein Sohn, „hast du vergessen, daß wir die Fabrik vor vier Tagen verkauft haben?"
Das brachte die Tränen des alten Mannes sofort zum Versiegen.

Atmosphäre

Der Meister war gewiß nicht ahnungslos hinsichtlich dessen, was sich in der Welt abspielte. Als er darum gebeten wurde, einen seiner bevorzugten Aussprüche zu verdeutlichen, nämlich: „Es gibt weder gut noch schlecht, vielmehr macht es das Denken dazu", sagte er:
„Hast du jemals erlebt, daß aus dem, was die Leute in der Bahn Gedränge nennen, in einem Nachtclub Atmosphäre entsteht?"

Glück

„Ich brauche dringend Hilfe – sonst werde ich verrückt. Meine Frau und ich leben mit Kindern und Schwiegereltern in einem einzigen Raum. Wir sind mit unseren Nerven am Ende, wir brüllen uns an und schreien. Es ist die Hölle."

„Versprichst du, alles zu tun, was ich dir sage?", fragte der Meister ernst.

„Ich schwöre, ich werde alles tun."

„Gut. Wie viele Haustiere hast du?"

„Eine Kuh, eine Ziege und sechs Küken."

„Nimm sie alle zu dir ins Zimmer. Dann komm in einer Woche wieder."

Der Schüler war entsetzt, aber er hatte versprochen zu gehorchen. Also nahm er die Tiere ins Haus. Eine Woche später kam er wieder, des Jammers, und stöhnte: „Ich bin ein nervöses Wrack. Der Schmutz! Der Gestank! Wir sind alle am Rande des Wahnsinns."

„Geh nach Hause", sagte der Meister, „und bring die Tiere wieder nach draußen."

Der Mann rannte den ganzen Heimweg. Und kam am nächsten Tag freudestrahlend zurück. „Wie schön ist das Leben! Die Tiere sind draußen. Die Wohnung ist ein Paradies – so ruhig und sauber und soviel Platz!"

Laß mich heraus

Nichts beschreibt besser die menschliche Natur als die Geschichte des armen Betrunkenen, der spät nachts außerhalb eines Parkes am Zaun rüttelt und schreit: „Laßt mich raus!"

Nur deine Illusionen hindern dich an der Erkenntnis, daß du frei bist – und es immer warst.

Die Türangeln

Warum erlangen die meisten Menschen keine Erleuchtung?", fragte jemand den Meister.
„Weil sie als Verlust ansehen, was tatsächlich ein Gewinn ist."
Dann erzählte er von einem Bekannten, der ein Geschäft eröffnete, das bald florierte. Die Kundschaft strömte den ganzen Tag.
Als der Meister dem Kaufmann zu dem Erfolg gratulierte, erwiderte dieser besorgt: „Sehen Sie die Dinge doch ganz realistisch, und schauen Sie sich nur einmal die Ladentüren an. Wenn sie so viele Leute ständig auf- und zumachen, muß ich die Türangeln bald erneuern lassen."

Der invalide Fuchs

Eine Fabel des arabischen Mystikers Sa'di:
Unterwegs im Wald sah ein Mann einen Fuchs, der seine
Beine verloren hatte. Er wunderte sich, wie das Tier wohl
überleben konnte. Dann sah er einen Tiger mit einem gerisse-
nen Wild. Der Tiger hatte sich satt gefressen und überließ
dem Fuchs den Rest.

Am nächsten Tag ernährte Gott den Fuchs wiederum mit
Hilfe des gleichen Tigers. Der Mann war erstaunt über Gottes
große Güte und sagte zu sich: „Auch ich werde mich in einer
Ecke ausruhen und dem Herrn voll vertrauen, und er wird
mich mit allem Nötigen versorgen."

Viele Tage brachte er so zu, aber nichts geschah, und der arme
Kerl war dem Tode nahe, als er eine Stimme hörte: „Du da,
auf dem falschen Weg, öffne die Augen vor der Wahrheit!
Folge dem Beispiel des Tigers, und nimm dir nicht länger den
behinderten Fuchs zum Vorbild."

Auf der Straße traf ich ein kleines frierendes Mädchen, zit-
ternd in einem dünnen Kleid, ohne Hoffnung, etwas Warmes
zu essen zu bekommen. Ich wurde zornig und sagte zu Gott:
„Wie kannst du das zulassen? Warum tust du nichts dagegen?"

Eine Zeitlang sagte Gott nichts. Aber in der Nacht antwortete
er ganz plötzlich: „Ich habe wohl etwas dagegen getan. Ich
habe dich geschaffen."

Kontaktstörungen

Eine fünfköpfige Familie war glücklich, einen Tag am Strand verbringen zu können. Die Kinder badeten im Meer und bauten Sandburgen, als eine kleine alte Dame auf sie zukam. Ihr graues Haar wehte im Wind und ihre Kleidung war schmutzig und zerlumpt. Sie murmelte vor sich hin, während sie Gegenstände vom Boden aufhob und in eine Tasche tat.

Die Eltern riefen die Kinder zu sich und sagten, sie sollten sich von der alten Dame fernhalten. Als sie vorbeiging und sich hin und wieder bückte, um etwas aufzuheben, lächelte sie der Familie zu: Aber ihr Gruß wurde nicht erwidert.

Viele Wochen später erfuhren sie, daß die kleine alte Dame es sich zur Lebensaufgabe gemacht hatte, Glasscherben am Strand aufzuheben, damit sich die Kinder nicht die Füße aufschnitten.

Diogenes

Der Philosoph Diogenes aß zum Abendbrot Linsen. Das sah der Philosoph Aristippos, der ein angenehmes Leben führte, indem er dem König schmeichelte.

Sagte Aristippos: „Wenn du lerntest, dem König gegenüber unterwürfig zu sein, müßtest du nicht von solchem Abfall wie Linsen leben."

Sagte Diogenes: „Wenn du gelernt hättest, mit Linsen auszukommen, brauchtest du nicht dem König zu schmeicheln."

Warum der Schäfer jedes Wetter liebt

Ein Wanderer: „Wie wird das Wetter heute?"
Der Schäfer: „So, wie ich es gerne habe."
„Woher wißt Ihr, daß das Wetter so sein wird, wie Ihr es liebt?"
„Ich habe die Erfahrung gemacht, mein Freund, daß ich nicht immer das bekommen kann, was ich gerne möchte. Also habe ich gelernt, immer das zu mögen, was ich bekomme. Deshalb bin ich ganz sicher: das Wetter wird heute so sein, wie ich es mag."

Was immer geschieht,
an uns liegt es,
Glück oder Unglück darin zu sehen.

❧

Der Hippie mit einem Schuh

Ein Mann stieg in einen Bus und kam neben einem jungen Mann zu sitzen, der offensichtlich ein Hippie war. Er hatte nur einen Schuh an.
„Du hast wohl einen Schuh verloren, mein Junge."
„Nein, guter Mann", lautete die Antwort, „ich habe einen gefunden."

Löwenzahn

Ein Mann, der sehr stolz auf seinen Rasen war, stand plötzlich vor einer mit Löwenzahn übersäten Wiese. Er versuchte alles nur Denkbare, um den Löwenzahn loszuwerden, aber der kam immer wieder.

Schließlich schrieb er an das Landwirtschaftsministerium. Er zählte auf, was er alles versucht hatte, und schloß mit der Frage: „Was soll ich jetzt tun?"

Zu gegebener Zeit kam die Antwort: „Wie wär's, wenn Sie versuchten, ihn schön zu finden und den Löwenzahn zu lieben?"

Auch ich hatte einen Rasen, auf den ich stolz war, und auch ich wurde von Löwenzahn heimgesucht, den ich mit allen mir zur Verfügung stehenden Mitteln beseitigen wollte. Es war also nicht leicht, ihn schön zu finden.

Leben ist Veränderung

Schreien, um seiner selbst sicher zu bleiben

Ein Prophet kam einst in eine Stadt, um die Bewohner zu bekehren. Zuerst hörten die Leute seinen Predigten zu, aber allmählich blieben sie weg, und schließlich fand sich nicht eine Seele mehr ein, wenn er sprach.

Eines Tages sagte ein Reisender zu dem Propheten:

„Warum predigt Ihr immer weiter? Seht Ihr nicht, daß Ihr Euch umsonst bemüht?"

Sagte der Prophet: „Am Anfang hoffte ich, sie zu ändern. Wenn ich immer noch laut rufe, so nur, damit sie nicht etwa mich ändern."

Antreiben

Stets überließ der Meister jedem, das Tempo der eigenen Entwicklung zu bestimmen. Man wußte, daß er nie „antrieb". Er erklärte das mit folgendem Gleichnis:

Ein Mensch sah zu, wie ein Schmetterling sich anstrengte, aus seiner Puppe zu schlüpfen. Es ging ihm nicht schnell genug, also begann er, sanft darauf zu blasen. Sein warmer Atem beschleunigte tatsächlich den Prozeß. Aber was herauskroch, war nicht ein Schmetterling, sondern eine Kreatur mit übel zugerichteten Flügeln.

„Einen Wachstumsprozeß", schloß der Meister, „kann man nicht beschleunigen, man kann ihn nur abbrechen."

Heilung

Zu einem bekümmerten Menschen, der sich an ihn um Hilfe wandte, sagte der Meister: „Willst du wirklich Heilung?"

„Wenn nicht, würde ich mir dann die Mühe machen, zu Euch zu kommen?"

„Oh ja, die meisten Menschen tun das."

„Wozu?"

„Nicht wegen der Heilung, die tut weh, sondern um Erleichterung zu finden."

Seinen Schülern sagte der Meister: „Menschen, die Heilung wollen, vorausgesetzt, sie können sie ohne Schmerzen haben, gleichen jenen, die für den Fortschritt eintreten, vorausgesetzt, sie können ihn ohne Veränderung bekommen."

Die Welt verändern,
indem ich mich verändere

Der Sufi Bayazid erzählt folgende Geschichte:
„In meiner Jugend war ich Revolutionär, und mein einziges Gebet zu Gott lautete: ‚Herr, gib mir die Kraft, die Welt zu ändern.'

Als ich die mittleren Jahre erreichte und merkte, daß die Hälfte meines Lebens vertan war, ohne daß ich eine einzige Seele geändert hätte, wandelte ich mein Gebet ab und bat: ‚Herr, gib mir die Gnade, alle jene zu verändern, die mit mir in Berührung kommen. Nur meine Familie und Freunde, dann bin ich schon zufrieden.'

Nun, da ich ein alter Mann bin und meine Tage gezählt sind, beginne ich einzusehen, wie töricht ich war. Mein einziges Gebet lautet nun: ‚Herr, gib mir die Gnade, mich selbst zu ändern.' Wenn ich von Anfang an darum gebetet hätte, wäre mein Leben nicht vertan."

Jeder möchte die Menschheit verändern, kaum jemand denkt daran, sich selbst zu ändern.

Akzeptieren

„Wie kann ich mich verändern?"

„Du bist du selbst, deshalb kannst *du* dich selbst ebensowenig verändern, wie du deinen eigenen Füßen davonlaufen kannst."

„Gibt es also nichts, was ich tun kann?"

„Du kannst dies begreifen und akzeptieren."

„Wie werde ich mich ändern, wenn ich *mich* selbst akzeptiere?"

„Wie willst du dich ändern, wenn du dich nicht akzeptierst? Was du nicht akzeptierst, *änderst* du nicht, du schaffst es nur, es zu *unterdrücken*."

Entfaltung

Einem Schüler, der seine Grenzen beklagte, sagte der Meister: „Du hast in der Tat deine Grenzen. Aber hast du bemerkt, daß du heute Dinge tun kannst, die du vor fünfzehn Jahren für unmöglich gehalten hättest? Was hat sich geändert?"

„Meine Begabungen haben sich geändert."

„Nein, du hast dich geändert."

„Ist das nicht dasselbe?"

„Nein. Du bist das, wofür du dich hältst. Als sich dein Denken änderte, hast du dich geändert."

Ungestört

„Immer, wenn du jemand anders zu verändern suchst",
sagte der Meister, „stell dir diese Frage: ‚Wem wird diese
Veränderung nützen: meinem Stolz, meinem Vergnügen oder
meinem Vorteil?'"

Dann erzählte er die folgende Geschichte:

Ein Mann wollte gerade von einer Brücke in einen Fluß springen, als ein Polizist auf ihn zustürmte und rief: „Nein, nein!
Bitte, machen Sie das nicht! Warum sollte ein junger Mann
wie Sie, der noch kaum gelebt hat, ins Wasser springen?"

„Weil ich das Leben satt habe."

„Hören Sie doch, bitte! Wenn Sie in den Fluß springen, werde
ich Ihnen nachspringen müssen, um Sie zu retten. Klar? Sehen Sie's doch ein, das Wasser ist eiskalt, und ich habe mich
gerade erst von einer doppelseitigen Lungenentzündung er-
holt. Wissen Sie, was das heißt? Ich werde sterben. Ich habe
eine Frau und vier Kinder. Möchten Sie das auf Ihrem Gewis-
sen haben? Nein, natürlich nicht. So hören Sie auf mich! Seien
Sie vernünftig! Bereuen Sie, und Gott wird Ihnen verzeihen.
Gehen Sie wieder heim, zu Hause sind Sie allein und ungestört, da können Sie sich aufhängen."

Wie die Schuhe erfunden wurden

Ein großer und törichter König beklagte sich, daß der unebene Boden seinen Füßen Schmerz bereite, also befahl er, das ganze Land mit Kuhhäuten auszulegen.

Der Hofnarr lachte, als der König ihm von seinem Befehl erzählte, „Was für eine total verrückte Idee, Euer Majestät!", rief er, „warum diese unnütze Ausgabe? Laßt Euch einfach zwei kleine Flecken Kuhhaut zurechtschneiden, um Eure Füße zu schützen!"

Das tat der König, und damit waren die Schuhe erfunden.

Erleuchtete wissen, nicht die Welt muß verändert werden, um den Schmerz zu verbannen, sondern dein Herz.

Atmosphärische Störungen: Was tun mit Angst, Zorn, Wut und Hass?

Fast immer

„Die Menschen wollen sich nicht von den Befürchtungen und Ängsten, ihrem Groll und ihrem Schuldgefühl trennen, weil diese negativen Empfindungen für sie ein Anstoß sind und ihnen das Gefühl verschaffen, am Leben zu sein", erklärte der Meister.

Und mit dieser Geschichte machte er seine Einsicht den Schülern deutlich:

Der Dorfpostbote nahm mit seinem Fahrrad eine kleine Abkürzung über eine Wiese, auf der Rinder weideten. Auf halbem Weg erspähte ihn ein Bulle und ging auf ihn los. Mit Mühe und Not konnte der arme Kerl über den Weidezaun entkommen.

„Fast hätte er Sie erwischt, nicht wahr?", sagte der Meister, der die Szene aus sicherem Abstand beobachtet hatte.

„Ja", keuchte der alte Mann, „fast erwischt es mich immer."

Der Zauberer und der Drachen

In China gab es einst einen riesigen Drachen, der von Dorf zu Dorf kroch und wahllos Vieh, Hunde, Küken und Kinder tötete. Also wandten sich die Dorfbewohner an einen Zauberer, der ihnen in der Not helfen sollte. Der Zauberer sagte: „Ich kann den Drachen nicht selbst erschlagen, denn obwohl ich ein Hexenmeister bin, habe ich doch zu große Angst. Aber ich werde den Mann für euch finden, der es tun wird."

Bei diesen Worten verwandelte er sich in einen Drachen und legte sich auf einer Brücke auf die Lauer, so daß jeder, der nicht wußte, daß es der Zauberer war, Angst hatte, vorbeizugehen. Eines Tages kam jedoch ein Reisender zu der Brücke, stieg ruhig über den Drachen hinweg und ging weiter.

Der Zauberer nahm sofort wieder menschliche Gestalt an und rief dem Mann zu: „Komm zurück, mein Freund. Wochenlang habe ich hier auf dich gewartet."

Ich fürchte, du willst mich küssen!

Hans und Maria gingen spät am Abend zusammen auf der Straße. „Ich habe schreckliche Angst, Hans", sagte Maria.

„Und wovor hast du Angst?"

„Ich habe Angst, du würdest mich küssen."

„Und wie könnte ich dich küssen, wenn ich doch in jeder Hand einen Eimer trage und unter jedem Arm eine Henne?"

„Ich hatte Angst, du könntest eine Henne unter je einen Eimer stecken und mich dann küssen."

Öfter als du denkst, tun dir die Menschen das an, wozu du sie herausgefordert hast.

Psychiatrische Behandlung

Arzt zum Patienten: „In den letzten zehn Jahren habe ich Sie wegen Schuldgefühlen behandelt. Und immer noch fühlen Sie sich wegen einer solchen Kleinigkeit schuldig? Sie sollten sich schämen!"

Anlage

„Wie soll ich mich von Angst befreien?"

„Wie kannst du dich von etwas befreien, an das du dich klammerst?"

„Ihr meint, ich klammerte mich tatsächlich an meine Ängste? Das finde ich nicht."

„Überlege, wovor dich deine Ängste schützen, und du wirst mir zustimmen! Und du wirst deine Torheit erkennen."

Fehler

Einem Schüler, der sich schrecklich fürchtete, Fehler zu machen, sagte der Meister:

„Diejenigen, die keine Fehler machen, machen den größten aller Fehler: sie versuchen nichts Neues."

Lieber Ärger als Nachtisch

Ein Reisender gab dem Speisewagenkellner seine Bestellung auf. „Zum Nachtisch", sagte er, „möchte ich Obsttörtchen und Eis."

Der Kellner sagte, sie hätten keine Obsttörtchen. Der Mann explodierte.

„Was? Keine Törtchen? Das ist absurd. Ich bin einer der besten Kunden dieser Eisenbahnlinie. Jedes Jahr organisiere ich Reisen für Tausende von Touristen und lasse Hunderte von Tonnen Fracht mit der Bahn befördern. Und wenn ich selbst einmal mit dieser Linie reise, kann ich noch nicht einmal einfache Obsttörtchen bekommen! Ich werde das mit dem Vorstand besprechen."

Der Küchenchef rief den Kellner zu sich und sagte: „Wir können ihm diese Törtchen bei der nächsten Station besorgen."

Gleich nach dem nächsten Halt ging der Kellner noch einmal zu dem Reisenden. „Ich bin glücklich, Ihnen sagen zu können, Sir, daß unser Küchenchef diese Törtchen speziell für Sie gemacht hat. Er hofft, sie werden Ihnen schmecken. Und außerdem erlauben wir uns, Ihnen dazu diesen 75 Jahre alten Cognac anzubieten mit Empfehlungen von der Eisenbahngesellschaft."

Der Reisende warf seine Serviette auf den Tisch, ballte die Faust und schrie: „Zum Teufel mit den Törtchen! Ich möchte wütend sein!"

Wie leer wäre unser Leben,
wenn wir uns über nichts aufregen könnten!

Ein einziges Wort

Als der Meister eines Tages von der hypnotischen Kraft der Worte sprach, rief jemand vom hinteren Ende des Saales laut dazwischen: „Sie erzählen Unsinn. Wenn ich Gott, Gott, Gott sage, wird mich das dann göttlich machen? Und wenn ich Sünde, Sünde, Sünde sage, wird es mich böse machen?"

„Setz dich hin, du Hurensohn", sagte der Meister.

Der Mann wurde kreidebleich vor Zorn und brachte eine Weile kein Wort heraus. Doch bald überschüttete er den Meister mit wüsten Beschimpfungen.

Mit zerknirschtem Gesicht sagte der Meister: „Entschuldigen Sie, mein Herr, ich ließ mich hinreißen. Ich bedaure meine unverzeihliche Entgleisung aufrichtig."

Der Mann beruhigte sich sofort.

Der Meister sagte: „Sehen Sie, da haben Sie Ihre Antwort: alles, was es brauchte, war ein einziges Wort, um Sie zu einem Wutanfall zu bringen, und ein anderes Wort, um Sie zu beruhigen."

Wer von beiden?

Der Meister ging die Straße entlang, als ein Mann aus einem Hauseingang stürzte, so daß beide heftig zusammenprallten.

Der Mann war außer sich. Er tobte und warf mit beleidigenden Worten um sich. Der Meister machte eine kleine Verbeugung, lächelte freundlich und sagte: „Mein Freund, ich weiß nicht, wer von uns beiden an diesem Zusammenstoß schuld ist, doch bin ich nicht geneigt, Zeit zu vertun, um dies herauszufinden. Sollte ich an Sie gerannt sein, bitte ich um Entschuldigung; sollten Sie an mich gerannt sein, so können Sie es vergessen."

Nach erneutem Lächeln und kurzer Verbeugung ging er weiter.

Gewalt

Der Meister lehrte stets, daß Schuld eine üble Gefühlsregung sei, die man meiden sollte wie den Teufel selbst – *jedes* Schuldgefühl.

„Aber sollen wir nicht unsere Sünden hassen?", fragte ein Schüler eines Tages.

„Wenn du schuldig bist, haßt du nicht deine Sünden, sondern dich selbst."

Unterdrücken

Als eine Schülerin ihren Haß gegenüber den Unterdrückern ihres Landes aussprach, erwiderte der Meister: „Laß dich von niemandem so tief niederdrücken, daß es bei dir Haß gegen ihn aufkommen läßt."

Gelassenheit

Gibt es Wege, die eigene geistige Stärke zu messen?"
„Viele."
„Nennt uns einen."
„Findet heraus, wie oft ihr euch im Laufe eines Tages aufregt."

Der unbewegte Buddha

Buddha schien unbeeindruckt von den Beleidigungen, die ein Besucher ihm zubrüllte. Als die Schüler ihn später nach dem Geheimnis dieser Gelassenheit fragten, sagte er: „Stellt euch vor, was geschähe, wenn jemand eine Opfergabe vor euch hinlegte und ihr würdet sie nicht aufheben. Oder jemand schickte euch einen Brief, den ihr euch zu öffnen weigern würdet; ihr wäret von dem Inhalt nicht berührt, nicht wahr? Tut das jedesmal, wenn ihr beschimpft werdet, dann werdet ihr eure Gelassenheit nicht verlieren."

Echte Würde
wird nicht durch Mißachtung gemindert.
Die Majestät der Niagara-Fälle wird nicht geringer,
wenn man hineinspuckt.

Vom Haben und Sein

Ins leere Loch schauen

Ein Geizhals versteckte sein Gold unter einem Baum in seinem Garten. Jede Woche grub er es aus und betrachtete es stundenlang. Eines Tages fand ein Dieb das Gold und verschwand damit. Als der Geizhals das nächste Mal seinen Schatz betrachten wollte, fand er nur noch ein leeres Loch.

Der Mann begann vor Kummer laut zu heulen, so daß seine Nachbarn zusammenliefen und sehen wollten, was los war. Als sie erfuhren, was passiert war, fragte einer von ihnen: „Hast du das Gold zu etwas gebraucht?"

„Nein", sagte der Geizhals, „ich habe es nur jede Woche angesehen."

„In diesem Fall", sagte der Nachbar, „wenn du das Gold nicht direkt gebraucht hast, dann kannst du genausogut jede Woche herkommen und das Loch betrachten."

Nicht unser Geld macht uns reich oder arm,
sondern unsere Fähigkeit zu genießen.
Nach Reichtum zu streben,
und nicht imstande zu sein, sich daran zu erfreuen,
ist wie ein Glatzkopf, der Kämme sammelt.

Kein Jahr jünger

Ein Reporter versuchte, von einem sehr alten Mann in einem staatlichen Altersheim eine menschlich anrührende Geschichte zu bekommen.

„Großvater", sagte der junge Reporter, „wie würden Sie sich fühlen, wenn Sie plötzlich einen Brief bekämen mit der Nachricht, ein entfernter Verwandter hätte Ihnen 10 Millionen Dollar hinterlassen?"

„Sohn", antwortete der alte Mann langsam, „ich wäre immer noch 95 Jahre alt, stimmt's?"

Genau dort

Der Guru saß in Meditation versunken am Ufer eines Flußes, als ein Schüler ihm zwei große Perlen als Zeichen der Verehrung und Ergebenheit vor die Füße legte.

Der Guru öffnete die Augen, hob eine der Perlen auf und hielt sie so nachlässig in der Hand, daß sie herausrutschte und die Böschung hinunter in den Fluß rollte.

Der entsetzte Schüler tauchte sofort nach der Perle, aber obwohl er es bis spät in den Abend hinein immer wieder versuchte, hatte er kein Glück.

Schließlich weckte er den Guru aus seiner Meditation, naß und erschöpft wie er war, und sagte: „Ihr habt die Perle fallen sehen. Zeigt mir genau, wo, dann kann ich sie für Euch wiederfinden."

Der Guru hob die zweite Perle auf, warf sie in den Fluß und sagte: „Genau dort."

Der beste Tee

Eine Gruppe älterer Herren in Japan traf sich regelmäßig, um Neuigkeiten auszutauschen und Tee zu trinken. Es machte ihnen Spaß, teure Teesorten ausfindig zu machen und neue Mischungen zu kreieren, die ihrem Gaumen schmeichelten.

Als das älteste Mitglied der Gruppe an der Reihe war, die anderen zu bewirten, servierte er den Tee mit der ausgesuchtesten Zeremonie und verteilte die Teeblätter aus einem goldenen Gefäß. Jedermann war des höchsten Lobes voll und wollte wissen, wie er diese hervorragende Mischung zusammengestellt hatte.

Der alte Mann lächelte und sagte: „Meine Herren, den Tee, den Sie so köstlich finden, trinken die Bauern auf meiner Farm. Die besten Dinge im Leben sind weder teuer noch schwer zu finden."

Sokrates auf dem Marktplatz

Als echter Philosoph, der er war, glaubte Sokrates, ein weiser Mensch würde instinktiv ein einfaches Leben führen. Er selbst pflegte noch nicht einmal Schuhe zu tragen. Und doch fühlte er sich immer wieder vom Marktplatz angezogen und besuchte ihn oft, um die dort angebotenen Waren zu betrachten.

Als einer seiner Freunde ihn fragte, warum er das täte, sagte Sokrates: „Ich gehe gerne hin, um festzustellen, wie viele Dinge es gibt, ohne die ich phantastisch auskomme."

Spiritualität bedeutet nicht,
zu wissen, was man braucht,
sondern einzusehen, was man nicht braucht.

Distanz

Es befremdete die Schüler, daß der Meister, der ein so einfaches Leben führte, seine reichen Anhänger nie verurteilte.
„Es ist selten, aber nicht unmöglich, daß jemand reich und heilig ist", sagte er eines Tages. „Wie?"
„Wenn Geld die gleiche Wirkung auf sein Herz hat, wie der Schatten dieses Bambus auf den Hof."
Die Schüler drehten sich um und sahen, wie der Bambusschatten über den Hof glitt, ohne ein einziges Staubkorn aufzuwirbeln.

Nicht für eine goldene Schale

Der große buddhistische Heilige Nagarjuna pflegte mit nichts weiter als einem Lendentuch bekleidet umherzuwandern, besaß jedoch, nicht ganz dazu passend, eine goldene Bettelschale, die ihm der König, sein Schüler, gegeben hatte.

Eines Nachts wollte er sich gerade in den Ruinen eines alten Klosters zum Schlaf niederlegen, als er hinter den Säulen einen Dieb bemerkte. „Hier", sagte Nagarjuna und hielt ihm die Bettelschale hin, „nimm das. Dann störst du mich wenigstens nicht, wenn ich eingeschlafen bin."

Der Dieb griff hastig nach der Schale und machte sich davon, kehrte aber am nächsten Morgen mit der Schale und einer Frage auf den Lippen zurück. „Als Ihr mir letzte Nacht diese Schale ohne Zögern gabt, kam ich mir selbst sehr armselig vor. Lehrt mich, die Reichtümer zu gewinnen, mit denen ich soviel Gelassenheit erwerben kann."

Behalte deine Goldmünzen

Junaid erhielt von einem seiner Anhänger einen Beutel voller Goldmünzen.

„Hast du noch mehr Münzen?", fragte Junaid.

„Ja, noch viele."

„Liegt dir viel an ihnen?"

„Ja."

„Dann mußt du diese hier behalten, denn du brauchst sie mehr als ich. Da ich nichts habe und nichts wünsche, bin ich viel reicher als du."

Wenn Gott mir nicht trauen sollte

Ein alter Geizkragen wurde bei seinen Gebeten belauscht: „Wenn der Allmächtige, Sein Heiliger Name sei gepriesen immerdar, mir hunderttausend Dollar schenkte, gäbe ich zehntausend den Armen. Das verspreche ich. Und wenn der Allmächtige, möge sein Lobpreis erschallen immerdar, mir nicht trauen sollte, dann möge er die zehntausend im voraus abziehen und mir nur den Rest ausbezahlen."

Liebe heilt jeden

Das Glück im anderen entdecken

Zwischenmenschliches

Der Ton macht's

Der Meister konnte sehr kritisch sein, wenn er glaubte, daß Kritik angebracht war.

Doch zum Erstaunen aller nahm ihm niemand seine Rügen übel. Als er einmal darauf angesprochen wurde, sagte er: „Es hängt davon ab, wie man es macht. Menschliche Wesen sind Blüten: offen und empfänglich für sanft fallenden Tau, verschlossen für kräftigen Regen."

Wie man's macht

Ein Mann begann, seinem Dobermann große Mengen Lebertran zu geben, weil man ihm gesagt hatte, das Zeug sei gut für Hunde. Jeden Tag pflegte er den Kopf des widerstrebenden Tieres zwischen seinen Knien festzuhalten, seine Schnauze gewaltsam zu öffnen und ihm die Flüssigkeit mit einem Löffel hineinzuschütten.

Eines Tages riß sich der Hund los und spuckte den Lebertran aus. Zum größten Erstaunen seines Herrn begann er dann jedoch, den Löffel abzulecken. So kam der Mann darauf, daß der Hund nichts gegen den Lebertran hatte, sondern gegen die Art der Verabreichung.

Absage – chinesisch

Ablehnungsschreiben eines chinesischen Verlages, der dem Autor ein Manuskript zurückschickt:

„Wir haben Ihr Manuskript mit besonderem Genuß gelesen. Wir fürchten jedoch, sollten wir Ihre hervorragende Arbeit veröffentlichen, daß wir in Zukunft nicht mehr die Möglichkeit hätten, eine andere Arbeit, die nicht die den von Ihnen gesetzten Standard erreicht, herausbringen zu können. Und wir können uns nicht vorstellen, wie in den nächsten hundert Jahren ein anderes Werk dem Ihren gleichkommen könnte. So sind wir zu unserem tiefsten Bedauern gezwungen, Ihr außerordentliches Essay zurückzuschicken. Zugleich bitten wir Sie tausendmal um Entschuldigung für unsere Kurzsichtigkeit und Ängstlichkeit."

Nicht hinsehen

Zwei Bewohner eines Taubstummenheimes zankten sich. Als ein Angestellter dazukam, um die Sache wieder ins Lot zu bringen, hatte einer dem anderen den Rücken zugedreht und schüttelte sich vor Lachen.

„Worum geht der Spaß? Warum sieht Ihr Partner so wütend aus?", fragte der Helfer in der Zeichensprache.

Der Stumme erwiderte, auch mit den Fingern: „Weil er mich beschimpfen will, aber ich mich weigere, hinzusehen!"

Woher kommt Arthritis?

Der ortsbekannte Trinker schwankte mit einer Zeitung in der Hand auf den Pfarrer zu und grüßte ihn höflich. Der Pfarrer, ärgerlich, weil der Mann leicht betrunken war, übersah den Gruß.

Der verfolgte jedoch etwas Bestimmtes. „Entschuldigen Sie, Father", sagte er, „könnten Sie mir sagen, wodurch Arthritis hervorgerufen wird?" Der Pfarrer wußte das auch nicht.

Aber als der Mann die Frage wiederholte, wandte sich der Pfarrer ihm ungeduldig zu und sagte: „Trinken verursacht Arthritis, genau das! Glücksspiel verursacht Arthritis! Leichten Frauen hinterherlaufen verursacht Arthritis …" Und erst jetzt, zu spät, fügte er hinzu: „Warum haben Sie gefragt?"

„Weil in der Zeitung steht, daß der Papst Arthritis hat!"

Johnny und der Ziegenbock

Johnny war ein stämmiger robuster Junge von drei Jahren. Er freundete sich mit Ziegenbock Billy von nebenan an. Jeden Morgen rupfte er etwas Gras und Salatblätter ab und brachte sie Billy zum Frühstück. Ihre Freundschaft wurde so eng, daß Johnny sich stundenlang in Billys freundlicher Gesellschaft aufhielt.

Eines Tages kam Johnny auf die Idee, ein anderes Menü würde Billy guttun. Also ging er mit Rhabarber anstatt mit Salat zu seinem Freund. Billy knabberte ein bißchen am Rhabarber, stellte fest, daß er ihn nicht mochte, und schob ihn weg. Johnny ergriff Billy an einem Horn und versuchte, ihn dazu zu bringen, den Rhabarber zu fressen. Dieses Mal stieß Billy seinen Freund weg, zunächst ganz sanft, aber als Johnny insistierte, stieß er fest zu, so daß Johnny stolperte und mit einem Bums auf sein Hinterteil fiel.

Johnny war so beleidigt, daß er sich abbürstete, Billy wütend anblickte und nie wieder zu ihm kam. Einige Tage später, als sein Vater ihn fragte, warum er nie mehr hinüberging, um mit Billy zu schwatzen, erwiderte Johnny:

„Weil er mich zurückgewiesen hat."

Ich verspreche es

Chef: „Sie sehen erschöpft aus. Was ist los?"
Sekretärin: „Also … nein, Sie würden es nicht glauben, wenn ich es Ihnen sagte."
„Natürlich würde ich es glauben."
„Nein, das würden Sie nicht, das weiß ich."
„Ich werde Ihnen bestimmt glauben, ich verspreche es."
„Also gut, ich habe heute zuviel gearbeitet."
„Das glaube ich nicht."

Wirklich aufregend

Nach dreißig Jahren gemeinsamen Fernsehens sagte ein Mann zu seiner Frau: „Laß uns heute abend etwas wirklich Aufregendes unternehmen!"
Sofort tauchten vor ihrem Auge Visionen von einer Nacht in der Stadt auf.
„Phantastisch", sagte sie, „was wollen wir machen?"
„Wir könnten einmal die Sessel tauschen."

Auf Treu und Glauben

Ein Freund bat Nasrudin um eine Summe Geldes. Nasrudin war überzeugt, das Geld würde nicht zurückgegeben werden. Aber da er seinen Freund nicht beleidigen wollte und die erbetene Summe nicht groß war, gab er ihm das Geld. Zu seinem großen Erstaunen erhielt er das Geld genau nach einer Woche zurück.

Einen Monat später bat der Freund noch einmal um eine ein wenig höhere Summe. Nasrudin weigerte sich. Als der Mann nach dem Grund fragte, sagte er: „Letztes Mal habe ich nicht erwartet, daß du mir das Geld zurückgeben wirst – und du hast mich enttäuscht. Dieses Mal erwarte ich, daß du das Geld zurückgibst – und ich möchte nicht wieder enttäuscht werden."

Bequemer Magen

Vor langer Zeit ärgerten sich die einzelnen Körperteile sehr über den Magen. Es paßte ihnen nicht, daß sie Nahrung zu beschaffen hatten, die dem Magen zugute kam, während dieser selbst nichts tat, als die Früchte ihrer Arbeit zu verschlingen.

Also beschlossen sie, dem Magen keine Nahrung mehr zu liefern. Die Hände führten sie nicht mehr zum Mund, die Zähne kauten nicht mehr, der Rachen schluckte nicht mehr. Das sollte den Magen zwingen, selbst etwas zu tun.

Aber sie erreichten nichts weiter, als den Körper so zu schwächen, daß sie alle vom Tode bedroht waren. Also mußten sie schließlich die Lektion lernen, daß sie in Wahrheit für ihr eigenes Wohlergehen arbeiteten, wenn sie einander halfen.

Es ist unmöglich, anderen zu helfen,
ohne sich selbst zu helfen,
oder anderen weh zu tun,
ohne sich selbst weh zu tun.

Tierliebe

Eine Lehrerin fragte in einer unteren Klasse, was die Kinder Tieren schon an Freundlichkeiten erwiesen hatten.
Es gab einige herzzerreißende Geschichten.
Als Tommy an der Reihe war, sagte er stolz: „Einmal habe ich einem Jungen einen Fußtritt gegeben, weil er einen Hund getreten hat."

Unsinnig, Krieg zu führen, um alle Kriege zu beenden oder mit Gewalt der Liebe Geltung zu verschaffen.

Einklang

Als ein Mann, dessen Ehe nicht gut ging, seinen Rat suchte, sagte der Meister: „Du mußt lernen, deiner Frau zuzuhören."
Der Mann nahm sich diesen Rat zu Herzen und kam nach einem Monat zurück und sagte, er habe gelernt, auf jedes Wort, das seine Frau sprach, zu hören.
Sagte der Meister mit einem Lächeln: „Nun geh' nach Hause und höre auf jedes Wort, das sie nicht sagt."

Manipulation

Der Meister hörte geduldig die Klagen einer Frau über ihren Mann an.

Schließlich sagte er: „Eure Ehe wäre glücklicher, meine Liebe, wenn du eine bessere Ehefrau wärest."

„Und wie könnte ich das sein?"

„Indem du dich nicht länger anstrengst, ihn zu einem besseren Ehemann zu machen."

Wie man eine Wette gewinnt

„Ehe ich abends fortgehe, wette ich mit meiner Frau um zehn Dollar, daß ich bis Mitternacht zurück bin."

„Und dann?"

„Dann lasse ich sie gewinnen."

Schweigen ist Gold

Als Calvin Coolidge Präsident der Vereinigten Staaten war, sah er täglich eine Menge Leute. Die meisten hatten irgendwelche Beschwerden.

Eines Tages sagte ein Gouverneur dem Präsidenten, daß er nicht verstehe, wie er es fertigbringe, so viele Leute in wenigen Stunden anzuhören.

„Sie sind immer zur Essenszeit mit Ihren Besuchern fertig", sagte der Gouverneur, „während ich oft bis Mitternacht in meinem Büro bin."

„Ja", sagte Coolidge, „das kommt daher, weil Sie reden."

Theodore Roosevelt und der Jäger

Das Gespräch ist der Lebensnerv einer Beziehung, aber der Hindernisse gibt es viele, und nur wenige können sie überwinden.
Viel wäre schon gewonnen, wenn wir weniger redeten und mehr zuhörten …

Präsident Theodore Roosevelt war ein leidenschaftlicher Großwildjäger. Als er erfuhr, daß ein berühmter englischer Jäger die Vereinigten Staaten besuchte, lud er ihn ins Weiße Haus ein in der Hoffnung, einige Tips von ihm zu bekommen.

Nach dem zweistündigen Treffen hinter verschlossenen Türen kam der Engländer etwas benommen heraus.

„Was haben Sie dem Präsidenten gesagt?", fragte ein Reporter.

„Meinen Namen", sagte der erschöpfte Besucher.

Ich habe dich auch satt

Es war der Tag der goldenen Hochzeit. Das Paar war den ganzen Tag über mit den vielen Verwandten und Freunden, die vorbeikamen, um zu gratulieren, auf Trab gehalten worden. So waren sie froh, als sie gegen Abend allein vor dem Haus sitzen und der untergehenden Sonne zusehen konnten, um sich von dem anstrengenden Tag zu erholen.

Der alte Mann blickte seine Frau liebevoll an und sagte: „Agatha, ich bin stolz auf dich!"

„Was hast du gesagt?", fragte die alte Dame. „Du weißt doch, ich höre schlecht. Sprich lauter."

„Ich sagte, ich bin stolz auf dich."

„Macht nichts", erwiderte sie mit einer abfälligen Handbewegung, „ich habe dich auch satt!"

Liebe!

Vater, ich bin zurück

Ein Soldat wurde eilends von der Front zurückgerufen, weil sein Vater im Sterben lag. Er erhielt eine Sondergenehmigung, denn außer ihm hatte der Vater keine Familienangehörigen mehr.

Als er die Intensivstation betrat, erkannte er sofort, daß dieser halb bewußtlose Mann mit Schläuchen in Mund und Nase nicht sein Vater war. Irgend jemand hatte sich geirrt und den falschen Soldaten von der Front geholt.

„Wie lange wird er noch leben?", fragte er den Arzt.

„Nur noch ein paar Stunden. Sie haben es gerade noch geschafft."

Der Soldat dachte an den Sohn des sterbenden Mannes, der, Gott weiß wo, Tausende von Meilen entfernt an der Front war. Er dachte an den alten Mann, der nur in der Hoffnung am Leben geblieben war, daß er seinen Sohn noch einmal sehen würde, ehe er starb. Das bestimmte seinen Entschluß. Er beugte sich vor, ergriff die Hand des alten Mannes und sagte leise:

„Vater, ich bin da. Ich bin zurück."

Der Sterbende umklammerte die hingestreckte Hand; seine leeren Augen öffneten sich und blickten umher; ein zufriedenes Lächeln ging über sein Gesicht und blieb dort, bis er etwa eine Stunde später starb.

„Ich war überzeugt,
du würdest kommen"

M ein Freund ist nicht vom Schlachtfeld zurückgekommen, Sir. Erbitte Erlaubnis, ihn zu suchen und hereinzuholen."

„Abgelehnt", sagte der Offizier, „ich möchte nicht, daß Sie Ihr Leben aufs Spiel setzen für einen Mann, der wahrscheinlich tot ist."

Der Soldat machte sich trotzdem auf die Suche und kam eine Stunde später tödlich verwundet zurück, in den Armen seinen toten Freund.

Der Offizier tobte. „Ich habe Ihnen gesagt, er sei tot. Nun habe ich Sie beide verloren. Was hat es nun gebracht, hinauszugehen, um eine Leiche zurückzubringen?"

Der sterbende Mann antwortete: „Es hat sich gelohnt, Sir. Als ich ihn fand, lebte er noch. Und er sagte zu mir: ,Ich wußte, Jack, daß du kommen würdest.'"

Ein Rat aus der Praxis

Eine 85jährige Frau wurde an ihrem Geburtstag interviewt. Der Reporter fragte, welchen Rat sie Menschen ihres Alters zu geben hätte.

„Nun", sagte die reizende alte Dame, „in unserem Alter ist es sehr wichtig, unsere Fähigkeiten ständig einzusetzen, sonst verkümmern sie. Es ist wichtig, mit Menschen zusammen zu sein, und wenn es nur irgendwie möglich ist, seinen Lebensunterhalt durch Dienstleistung zu verdienen. Das hält uns lebendig und gesund."

„Darf ich fragen, was Sie tun, um in Ihrem Alter Ihren Lebensunterhalt zu verdienen?"

„Ich kümmere mich um eine alte Dame in meiner Nachbarschaft", lautete die Antwort.

Liebe heilt jeden,
die, die sie empfangen,
und die, die sie geben.

Tugend oder Leben

Laila und Rama liebten sich, waren aber zu arm, um heiraten zu können. Sie lebten in verschiedenen Dörfern, die durch einen breiten Fluß getrennt waren, in dem es von Krokodilen wimmelte.

Eines Tages hörte Laila, daß ihr Rama gefährlich erkrankt war und niemand hatte, der ihn pflegte. Sie stürzte ans Flußufer und beschwor den Fährmann, sie überzusetzen, obgleich sie nicht bezahlen konnte.

Aber der niederträchtige Bootsmann weigerte sich, wenn sie nicht einwilligte, in dieser Nacht mit ihm zu schlafen. Die arme Frau bat und bettelte, aber ohne Erfolg, so daß sie schließlich aus lauter Verzweiflung auf seine Bedingungen einging.

Als sie endlich bei Rama eintraf, war er dem Tode nahe. Aber sie blieb einen Monat bei ihm und pflegte ihn gesund. Eines Tages fragte Rama, wie sie es fertiggebracht hatte, den Fluß zu überqueren. Da sie ihren Geliebten nicht belügen wollte, sagte sie ihm die Wahrheit.

Als Rama das hörte, bekam er einen Wutanfall, denn für ihn galt Tugend mehr als das Leben selbst. Er jagte sie aus dem Haus und wollte sie nie wiedersehen.

Zuneigung auf die Probe gestellt

Eine arabische Prinzessin hatte es sich in den Kopf gesetzt, einen ihrer Sklaven zu heiraten. Der König konnte tun oder sagen, was er wollte, nichts konnte das Mädchen von ihrem Entschluß abbringen. Und auch die königlichen Ratgeber wußten keinen Rat. Schließlich erschien am Hof ein alter Weiser. Als er von des Königs Dilemma hörte, sagte er: „Euer Majestät ist schlecht beraten, denn wenn Ihr dem Mädchen verbietet zu heiraten, wird sie es Euch nachtragen und sich nur noch mehr zu dem Sklaven hingezogen fühlen."

„Dann sagt mir, was ich tun soll", rief der König.

Der Weise machte einen Vorschlag. Der König war skeptisch, beschloß aber, einen Versuch zu machen. Er ließ die junge Frau zu sich kommen und sagte: „Ich werde deine Liebe zu diesem Mann auf die Probe stellen: dreißig Tage und Nächte wirst du mit deinem Liebsten in einer winzigen Zelle eingeschlossen werden. Wenn du ihn danach immer noch heiraten willst, werde ich einwilligen."

Die Prinzessin war außer sich vor Freude, umarmte ihren Vater und willigte begeistert ein, sich dieser Probe zu unterziehen. Ein paar Tage ging alles gut, aber nur zu bald breitete sich Langeweile aus. Nach einer Woche begann sie sich nach anderer Gesellschaft zu sehnen, und alles, was ihr Liebster tat oder sagte, trieb sie zur Verzweiflung. Nach zwei Wochen hatte sie den Mann so satt, daß sie anfing zu schreien und mit den Fäusten an die Zellentür zu hämmern. Als sie schließlich herausgelassen wurde, umarmte sie ihren Vater stürmisch voller Dankbarkeit, daß er sie vor dem Mann gerettet hatte, den sie nun verabscheute.

Getrennt leben erleichtert das Zusammenleben. Ohne Distanz – keine Beziehung.

Zusammengekettete Hunde

Nach einer heftigen Diskussion mit seiner Frau sagte ein Mann: „Warum können wir nicht friedlich zusammenleben, wie unsere beiden Hunde, die sich nie zanken?"
„Das stimmt", pflichtete seine Frau bei, „aber binde sie mal zusammen, dann wirst du sehen, was passiert."

Sie will nur mich

„Glauben Sie, daß Sie meiner Tochter das geben können, was sie sich wünscht?", fragte ein Mann einen Freier.
„Bestimmt, Sir. Sie sagt, sie wünscht sich nur mich."

Niemand würde es Liebe nennen, wenn sie sich Geld wünschte. Warum ist es Liebe, wenn sie sich dich wünscht?

Gibst du mir ...

Sagte der Meister: „Was du Freundschaft nennst, ist in Wirklichkeit ein Geschäft: Entsprich meinen Erwartungen, gib mir, was ich möchte, und ich werde dich lieben; weise mich ab, und meine Liebe schlägt in Groll und Gleichgültigkeit um."

Er erzählte von dem Familienvater, der nach einem anstrengenden Arbeitstag zu seiner Frau und seinem niedlichen, drei Jahre alten Töchterchen nach Hause kam.

„Bekommt Daddy einen Kuß?"

„Nein!"

„Schäm dich! Dein Daddy muß den ganzen Tag hart arbeiten, um etwas Geld nach Hause zu bringen, und du behandelst ihn so! Wo ist der Kuß?"

Das niedliche, drei Jahre alte Töchterchen schaute ihm in die Augen: „Und wo ist das Geld?"

Liebe mich, du Schuft!

König Friedrich Wilhelm von Preußen war dafür bekannt, ein aufbrausendes Temperament zu haben. Er pflegte unbegleitet in den Straßen Berlins zu promenieren, und wenn ihm irgend jemand mißfiel – was nicht allzu selten vorkam –, zögerte er nicht, seinen Spazierstock an dem glücklosen Opfer auszuprobieren.

So verwundert es nicht, daß die Leute sich still davonmachten, wenn sie den König von weitem kommen sahen. Eines Tages kam Friedrich eine Straße heruntergestampft; ein Berliner entdeckte ihn zu spät, um sich noch in einer Toreinfahrt zu verstecken.

„Du da!", sagte Friedrich, „wohin gehst du?"

Der Mann begann zu zittern. „In dieses Haus hier, Euer Majestät."

„Ist das dein Haus?"

„Nein, Euer Majestät."

„Das Haus eines Freundes?"

„Nein, Euer Majestät."

„Warum gehst du dann hinein?"

Der Mann bekam nun Angst, man könnte ihn für einen Einbrecher halten. Also platzte er mit der Wahrheit heraus: „Um Eurer Majestät aus dem Wege zu gehen."

„Warum wolltest du mir aus dem Wege gehen?"

„Weil ich vor Euer Majestät Angst habe."

Bei diesen Worten wurde der König zornig. Er packte den armen Mann bei den Schultern, schüttelte ihn heftig und schrie: „Wie kannst du es wagen, Angst vor mir zu haben! Ich bin dein König. Du sollst mich lieben! Liebe mich, du Schuft! Liebe mich!"

Ändere dich nicht!

Jahrelang war ich neurotisch. Ich war ängstlich und depressiv und selbstsüchtig. Und jeder sagte mir immer wieder, ich sollte mich ändern. Und jeder sagte mir immer wieder, wie neurotisch ich sei.

Und sie waren mir zuwider, und ich pflichtete ihnen doch bei, und ich wollte mich ändern, aber ich brachte es nicht fertig, sosehr ich mich auch bemühte.

Was mich am meisten schmerzte, war, daß mein bester Freund mir auch immer wieder sagte, wie neurotisch ich sei. Auch er wiederholte immer wieder, ich sollte mich ändern.

Und auch ihm pflichtete ich bei, aber zuwider wurde er mir nicht, das brachte ich nicht fertig. Ich fühlte mich so machtlos und gefangen.

Dann sagte er mir eines Tages: „Ändere dich nicht. Bleib, wie du bist. Es ist wirklich nicht wichtig, ob du dich änderst oder nicht. Ich liebe dich so, wie du bist. So ist es nun einmal."

Diese Worte klangen wie Musik in meinen Ohren: „Ändere dich nicht, ändere dich nicht … ich liebe dich."

Und ich entspannte mich, und ich wurde lebendig, und Wunder über Wunder, ich änderte mich!

Jetzt weiß ich, daß ich mich nicht wirklich ändern konnte, bis ich jemanden fand, der mich liebte, ob ich mich nun änderte oder nicht.

Liebst du mich auf diese Weise, Gott?

Das Mantra enthüllt

Der Anhänger des Guru kniete nieder, um in die Schülerschaft aufgenommen zu werden. Der Guru flüsterte das heilige Mantra in sein Ohr und warnte ihn davor, es jemandem zu offenbaren.

„Was geschähe, wenn ich es täte?", fragte der Schüler.

Sagte der Guru: „Jeder, dem du das Mantra enthüllst, wird aus den Fesseln der Unwissenheit und des Leidens befreit werden, aber du selbst wirst aus dem Kreis der Schüler ausgeschlossen und Verdammnis erleiden."

Kaum hatte der Jünger diese Worte vernommen, als er auf den Marktplatz stürzte, eine große Menschenmenge um sich versammelte und das heilige Mantra wiederholte, so daß alle es hören konnten.

Die Schüler berichteten das später dem Guru und verlangten, den Mann wegen Ungehorsams aus dem Kloster auszuweisen.

Der Guru lächelte und sagte: „Er braucht nichts von dem, was ich lehren kann. Sein Handeln zeigt, daß er selbst ein Guru ist."

Furchtlosigkeit

„Was ist Liebe?"
„Überhaupt keine Angst mehr zu haben", sagte der Meister.
„Was fürchten wir?"
„Liebe", sagte der Meister.

Liebe

Ein frisch verheiratetes Paar sagte: „Was sollen wir tun, damit unsere Liebe von Dauer ist?"
Sagte der Meister: „Liebt gemeinsam andere Dinge."

Liebe vergißt

Warum sprichst du ständig von meinen früher begange-
nen Fehlern?", sagte der Ehemann. „Ich dachte, du
hättest sie vergeben und vergessen."
„Ich habe tatsächlich vergeben und vergessen", antwortete
die Ehefrau, „aber ich möchte sicher sein, daß du nicht vergißt, daß ich vergeben und vergessen habe."

Ein Dialog:
Jünger: „Denk nicht an meine Sünden, o Herr!"
Herr: „Sünden? Welche Sünden? Da wirst du meinem Ge-
dächtnis nachhelfen müssen. Ich habe sie schon seit Urzeiten
vergessen."
Liebe führt nicht Buch über Kränkungen.

Was heißt: so sehr?

Ein Mann saß an seiner philosophischen Doktorarbeit. Wie
ernst er seine Studien nahm, wurde seiner Frau erst klar,
als sie ihn eines Tages fragte: „Warum liebst du mich so
sehr?"
Wie aus der Pistole geschossen, erwiderte er: „Wenn du sagst,
‚so sehr', beziehst du dich dann auf die Intensität, Tiefe, Häu-
figkeit, Qualität oder Dauer?"

*Die Schönheit einer Rose ist nicht zu vermitteln, indem man ihre
Blütenblätter präpariert.*

Kinderglück

Wie soll er heißen?

Als es an der Zeit war, ihrem Erstgeborenen einen Namen zu geben, begann ein Ehepaar zu streiten. Die Frau wollte ihn nach ihrem Vater nennen, der Mann bestand darauf, daß der Sohn den Namen seines Vaters trägt. Schließlich wandten sich beide an den Rabbi, der ihren Streit schlichten sollte.

„Wie hieß dein Vater?", fragte der Rabbi den Mann.

„Abijah."

„Und deiner?", fragte er die Frau.

„Abijah."

„Wo liegt dann das Problem?", fragte der Rabbi verwirrt.

„Das ist so, Rabbi", sagte die Frau. „Mein Vater war ein Gelehrter, und seiner ein Pferdedieb. Wie kann ich zulassen, daß mein Sohn nach einem Schurken benannt wird?"

Der Rabbi dachte ernsthaft darüber nach, denn das Problem war in der Tat heikel. Er wollte nicht, daß die eine Partei das Gefühl hatte, gewonnen, oder die andere, verloren zu haben. Also sagte er schließlich: „Ich schlage folgendes vor: Nennt den Jungen Abijah. Dann wartet ab und seht, ob er ein Gelehrter oder ein Pferdedieb wird. Dann wißt ihr, nach wem ihr ihn benannt habt."

Die Teddybär-Theorie

Ein Ehepaar wußte nicht, was es tun sollte, um mit der Eifersucht ihres dreijährigen Sohnes auf das neue Baby fertig zu werden. In einem Buch über Psychologie des Kindes fanden sie einen Hinweis.

Als der kleine Bursche einmal besonders schlecht gelaunt war, sagte die Mutter: „Nimm den Teddy hier, Schatz, und zeig mir, was du am liebsten mit dem Baby machen möchtest."

Dem Buch zufolge hätte er den Teddy schlagen und kneifen müssen. Doch der Dreijährige packte den Bären am Bein und ging mit strahlendem Gesicht zum Baby hinüber und schlug ihm damit auf den Kopf.

Neurotisch

Klein Mary war mit ihrer Mutter am Strand.

„Mammi, darf ich im Sand spielen?"

„Nein, Liebling, da machst du dir nur dein hübsches Kleid schmutzig."

„Darf ich im Wasser waten?"

„Nein, da wirst du bloß naß und erkältest dich."

„Darf ich mit den anderen Kindern spielen?"

„Nein, da finde ich dich nicht wieder."

„Mammi, kauf mir ein Eis."

„Nein, das ist nicht gut für deinen Hals."

Klein Mary begann zu weinen.

Die Mutter wandte sich zu einer Frau in der Nähe und sagte: „Du lieber Himmel! Haben Sie schon einmal so ein neurotisches Kind gesehen!"

Gewußt wie

Ein verzweifeltes Elternpaar bat dringend um den Besuch eines Kinderpsychologen, weil sie nicht mit ihrem kleinen Jungen fertig wurden, der auf dem Schaukelpferd eines Nachbarkindes saß und sich weigerte, herunterzusteigen: Er hatte zu Hause drei eigene Schaukelpferde, bestand aber unnachgiebig auf diesem. Versuche, ihn herunterzuheben, führten zu einem solchen Geheule und Geschrei, daß man ihn schnell wieder auf das Pferd setzte.

Der Psychologe regelte zunächst die Angelegenheit seines Honorars, begab sich dann zu dem Kind, fuhr ihm liebevoll durchs Haar, beugte sich hinunter und flüsterte ihm lächelnd ins Ohr. Sofort stieg der Junge vom Pferd und ging artig mit seinen Eltern nach Hause.

„Welche Zauberformel haben Sie bei dem Kind angewandt?", fragten die erstaunten Eltern.

Der Psychologe steckte sein Honorar ein und sagte dann: „Ganz einfach. Ich beugte mich zu ihm und sagte: ,Wenn du nicht sofort von dem Pferd herunterkommst, werde ich dich so verprügeln, daß du eine Woche nicht mehr sitzen kannst. Ich werde dafür bezahlt, es ist also nicht bloß Gerede.'"

Ehe man; ein Kind straft, sollte man sich fragen,
ob man nicht selbst die Unart ausgelöst hat.

Sie denkt, ich bin wirklich

Eine Familie ließ sich zum Essen in einem Restaurant nieder. Die Kellnerin nahm zunächst die Bestellungen der Erwachsenen auf und wandte sich dann dem Siebenjährigen zu.

„Was möchtest du essen?", fragte sie.

Der Junge blickte schüchtern in die Runde und sagte dann: „Ich möchte gern einen Hot Dog."

Noch bevor die Kellnerin die Bestellung aufschreiben konnte, unterbrach die Mutter. „Keine Hot Dogs", sagte sie, „bringen Sie ihm ein Steak mit Kartoffelbrei und Karotten."

Die Kellnerin überhörte sie. „Möchtest du Ketchup oder Senf auf deinem Hot Dog?", fragte sie den Jungen.

„Ketchup."

„In einer Minute bekommst du ihn", sagte die Bedienung und ging zur Küche.

Alle schwiegen fassungslos, als sie weg war. Schließlich sah der Junge die Anwesenden an und sagte: „Wißt ihr was? Sie denkt, ich bin wirklich!"

„Wie geht es Ihren Kindern?"
„Beiden geht es gut, danke."
„Wie alt sind sie?"
„Der Arzt ist drei und der Rechtsanwalt fünf."

Amt oder Stand

Der amerikanische Präsident William Howard Taft saß eines Abends beim Essen, als sein jüngster Sohn eine respektlose Bemerkung über seinen Vater machte. Alle waren entsetzt über die Unverfrorenheit des Jungen. Ein verlegenes Schweigen breitete sich im Zimmer aus.

Mrs. Taft fragte: „Willst du ihn nicht bestrafen?"

„Wenn die Bemerkung an mich als seinen Vater gerichtet ist, dann wird er bestimmt bestraft werden", sagte Taft.

„Wenn er sie allerdings gegenüber dem Präsidenten der Vereinigten Staaten machte, dann ist das sein verfassungsmäßiges Recht."

Begrenzung

Einem Elternpaar, das sich über die Erziehung seiner Kinder Sorgen machte, gab der Meister ein rabbinisches Sprichwort zu bedenken:

„Begrenze deine Kinder nicht durch dein eigenes Wissen, denn sie sind in einer anderen Zeit geboren."

Das Handwerk gelernt

Als der Sohn eines Einbrechers merkte, daß sein Vater alt wurde, sagte er: „Vater, lehre mich dein Handwerk, damit ich die Familientradition fortsetzen kann, wenn du in den Ruhestand trittst."

Der Vater antwortete nicht, nahm aber in der Nacht den Jungen mit, als er in ein Haus einbrach. Als sie drinnen waren, öffnete er einen Wandschrank und ließ seinen Sohn nachgucken, was sich im Schrank befand. Sobald der Junge drin war, schlug der Vater die Tür zu, verriegelte sie und machte dabei einen solchen Lärm, daß das ganze Haus aufwachte. Dann schlich er sich still davon.

Der eingeschlossene Junge war erschrocken und wütend und zerbrach sich den Kopf, wie er herauskommen könnte. Dann hatte er eine Idee. Er ahmte den Laut einer Katze nach, darauf entzündete ein Diener eine Kerze und öffnete den Schrank, um die Katze herauszulassen. Im gleichen Augenblick sprang der Junge heraus, und alle rannten hinter ihm her. Da sah er neben der Straße einen Brunnen, ergriff einen großen Stein, warf ihn hinein und versteckte sich im Dunkeln. Dann schlich er sich davon, während seine Verfolger in die Tiefe des Brunnens starrten in der Hoffnung, daß der Einbrecher dort ertrunken war.

Zu Hause angekommen, vergaß der Junge seinen Ärger vor lauter Eifer, seine Geschichte zu erzählen. Aber sein Vater sagte: „Wozu die Geschichte? Du bist hier. Das genügt. Du hast das Handwerk gelernt."

Erziehung sollte keine Vorbereitung auf das Leben sein, sondern das Leben selbst.

Nimm zwei

Mutter: „Bist du dir im klaren, daß Gott anwesend war, als du den Keks in der Küche geklaut hast?"

„Ja."

„Und daß er dich die ganze Zeit über angeschaut hat?"

„Ja."

„Und was, meinst du, hat er zu dir gesagt?"

„Er sagte: Niemand ist hier außer uns beiden – nimm zwei."

Klares Argument

Eltern: „Wie kommt es, daß Johnnys Noten in der Schule immer besser sind als deine, obgleich er jünger ist als du?"

Siebenjähriger: „Weil Johnnys Eltern klug sind."

Hilfreiches,
damit Zusammenleben gelingt

Nächstenliebe

Wie man Tag und Nacht unterscheidet

Ein Guru fragte seine Schüler, wie sie das Ende der Nacht vom Beginn des Tages unterscheiden könnten.

Einer sagte: „Wenn man in der Entfernung ein Tier sieht und erkennt, ob es eine Kuh oder ein Pferd ist."

„Nein", sagte der Guru.

„Wenn man in der Entfernung einen Baum sieht und erkennt, ob es ein Paternosterbaum oder ein Mango ist."

„Wieder falsch", sagte der Guru.

„Also, wie dann?", fragten die Schüler.

„Wenn man in das Gesicht eines Mannes blickt und darin seinen Bruder erkennt; wenn man in das Gesicht einer Frau blickt und in ihr seine Schwester erkennt. Wer dazu nicht fähig ist, für den ist – wo immer die Sonne auch stehen mag – Nacht."

Freundlichkeit

„Was soll ich tun, um meinen Nächsten zu lieben?"
„Hör auf, dich zu hassen."
Der Schüler grübelte lange und ernsthaft über diese Worte
nach, kam dann zurück und sagte: „Aber ich liebe mich zu
sehr, denn ich bin selbstsüchtig und egozentrisch. Wie kann
ich mich davon befreien?"
„Sei freundlich zu dir, und dein Selbst wird zufrieden sein
und dich freisetzen, deinen Nächsten zu lieben."

Mit seinem ganzen Sein

„Was mich bedrückt, ist die völlige Mittelmäßigkeit meines Daseins. Ich habe in meinem Leben nicht eine einzige wichtige Tat vollbracht, von der die Welt Notiz nehmen
könnte."
„Du irrst dich, wenn du glaubst, daß es die Beachtung durch
die Welt ist, was einer Tat Bedeutung verleiht", erwiderte der
Meister. Eine lange Pause trat ein.
„Ja, dann habe ich gar nichts getan, um auch nur einen einzigen zum Guten oder zum Schlechten zu beeinflussen."
„Du irrst dich, wenn du glaubst, daß es an der Einflußnahme
auf andere liegt, was einer Tat Bedeutung verleiht."
„Ja, was verleiht denn einer Tat Bedeutung?"
„Sie um ihrer selbst willen mit seinem ganzen Sein tun. Dann
ist es uneigennütziges, gott-ähnliches Handeln."

Christus kennen

Ein Gespräch zwischen einem kürzlich zu Christus bekehrten Mann und einem ungläubigen Freund:

„Du bist also zu Christus bekehrt worden?"

„Ja."

„Dann mußt du eigentlich gut über ihn Bescheid wissen. Sag mir: in welchem Land wurde er geboren?"

„Das weiß ich nicht."

„Wie alt war er, als er starb?"

„Das weiß ich nicht."

„Wie viele Predigten hat er gehalten?"

„Das weiß ich nicht."

„Du weißt aber wirklich sehr wenig für jemand, der behauptet, zu Christus bekehrt worden zu sein!"

„Du hast recht. Ich schäme mich, so wenig von ihm zu wissen. Aber soviel weiß ich: Noch vor drei Jahren war ich ein Trinker. Ich hatte Schulden. Meine Familie brach auseinander. Meine Frau und Kinder fürchteten sich jeden Abend vor meiner Heimkehr. Aber jetzt habe ich das Trinken aufgegeben; wir haben keine Schulden mehr; wir sind eine glückliche Familie. Meine Kinder erwarten mich ungeduldig jeden Abend. Das alles hat Christus für mich getan. Soviel weiß ich von Christus!"

Wirklich wissen heißt, von diesem Wissen verändert zu werden.

Der Wohltätigkeitsball

Eine mit Juwelen behangene adlige Witwe trat aus einem eleganten Hotel in London, wo sie auf einem Wohltätigkeitsball diniert und getanzt hatte. Sie wollte gerade in ihren Rolls-Royce steigen, als sich ihr ein Straßenjunge näherte und bettelte: „Bitte, schenken Sie mir Sixpence, Madam, haben Sie Mitleid, ich habe seit zwei Tagen nichts gegessen."

Die Herzogin wich zurück. „Du undankbarer Kerl!", rief sie. „Weißt du nicht, daß ich die ganze Nacht für dich getanzt habe?"

Barmherzigkeit und Dankbarkeit

Vor langer Zeit gab Gott einmal eine Party, zu der er alle Tugenden, die großen und die kleinen, die bescheidenen und die mächtigen, einlud. Sie versammelten sich in einer wunderbar geschmückten Halle im Himmel und begannen sich alsbald himmlisch zu amüsieren, weil sie sich untereinander kannten und einige sogar eng miteinander verwandt waren.

Plötzlich fielen Gott zwei liebreizende Tugenden auf, die sich nicht zu kennen schienen und offenbar nicht viel miteinander anzufangen wußten. Also nahm er eine von ihnen bei der Hand und stellte sie der anderen förmlich vor. „Dankbarkeit", sagte er, „das ist Barmherzigkeit."

Aber kaum hatte Gott den Rücken gedreht, als die beiden wieder auseinandergingen. Und deswegen wird erzählt, daß selbst Gott die Dankbarkeit nicht dorthin bringen konnte, wo die Barmherzigkeit ist.

Strenge oder Barmherzigkeit

Ein Bruder legte einmal einem der Älteren diese Frage vor: „Es waren einmal zwei Brüder, der eine blieb betend in seiner Zelle, fastete sechs Tage in der Woche und übte sich in Entbehrungen. Der andere verbrachte seine Zeit damit, Kranke zu versorgen. Wessen Arbeit ist wohlgefälliger vor Gott?"

Der ältere Bruder erwiderte: „Wenn der Bruder, der fastet und betet, sich auch noch an der Nase aufhängte, wäre das nicht einer einzigen Tat der Barmherzigkeit gleichzusetzen, die der andere vollbringt, indem er Kranke pflegt."

Nicht für Spatzen

Jesus sprach von den Vögeln des Himmels und den Blumen des Feldes, an denen sich die Menschen ein Beispiel nehmen sollen, was der Meister auch tat. Er erzählte oft von dem Brief, den einmal ein wohlhabender Nachbar an ihn richtete. Darin stand:

„Sehr geehrter Herr,
ich schreibe Ihnen wegen der Vogeltränke, die ich für den Klostergarten gestiftet habe. Ich möchte Sie darüber informieren, daß sie nicht von den Spatzen benutzt werden darf."

Der Stein auf der Straße

Eines Tages stand Diogenes an einer Straßenecke und lachte wie ein Verrückter.
„Worüber lacht Ihr?", fragte ein Vorübergehender.
„Seht Ihr jenen Stein in der Mitte der Straße. Seit heute morgen stehe ich hier, zehn Leute sind bereits darüber gestolpert und haben ihn verflucht. Aber nicht einer machte sich die Mühe, ihn wegzuräumen, damit andere nicht mehr stolperten.

„Schaff mir den aus den Augen"

Ein Landstreicher stand im Büro eines reichen Mannes und bat um ein Almosen.

Der Mann läutete seiner Sekretärin und sagte: „Sehen Sie diesen armen unglücklichen Mann hier? Seine Zehen gucken aus den Schuhen heraus, die Hosen sind ausgefranst, sein Mantel ist zerlumpt. Ich wette, der Mann hat sich seit Tagen nicht rasiert, nicht geduscht und hat auch nicht anständig gegessen. Es bricht mir das Herz, wenn ich Leute in solch elendem Zustand sehe. Also schafft ihn mir aus den Augen, sofort!"

Ein Mann, der nur noch Stümpfe statt Arme und Beine hatte, bettelte am Straßenrand.
Als ich ihn zum ersten Mal sah, fühlte ich mich so schuldbewußt, daß ich ihm ein Almosen gab.
Beim zweiten Mal gab ich weniger.
Beim dritten Mal übergab ich ihn kaltblütig der Polizei, weil er in der Öffentlichkeit gebettelt und Ärgernis erregt hatte.

Der Hund und der Fuchs

Ein Jäger schickte seinen Hund hinter ein Gebüsch, wo sich etwas bewegte. Er stöberte einen Fuchs auf und trieb ihn dem Jäger vors Gewehr.

Der sterbende Fuchs sagte zu dem Hund: „Hat man dir nie gesagt, daß der Fuchs ein Bruder des Hundes ist?"

„Doch, man hat es mir gesagt", erwiderte der Hund.

„Aber das ist etwas für Idealisten und Narren. Für praktisch Denkende erwächst Brüderlichkeit aus der Gleichheit der Interessen."

Sagte der Christ zum Buddhisten: „Wir könnten in der Tat Brüder sein. Aber das ist etwas für Idealisten und Narren. Für praktisch denkende Menschen liegt Brüderlichkeit in der Gleichheit der Bekenntnisse."

Die meisten Menschen sind leider religiös genug, um zu hassen, aber nicht genug, um zu lieben.

Omahs List

Ein Kalif von Bagdad mit Namen Al-Mamun besaß ein schönes arabisches Pferd. Ein Stammesgenosse, namens Omah, hätte das Pferd gerne gekauft und bot viele Kamele zum Tausch, aber Al-Mamun wollte sich nicht von dem Tier trennen. Darüber ärgerte sich Omah so, daß er beschloß, das Pferd mit List in seinen Besitz zu bringen.

Er wußte, daß Al-Mamun eine bestimmte Straße mit diesem Pferd entlangreiten würde. Also hockte er sich als armer, kranker Bettler verkleidet an den Straßenrand. Al-Mamun war ein gutherziger Mann, und als er den Bettler erblickte, hatte er Mitleid mit ihm, stieg ab und bot an, ihn in einen Sarai zu bringen.

„Oh weh", rief der Bettler, „ich habe tagelang nichts gegessen und nicht die Kraft, aufzustehen." Also hob Al-Mamun den Mann freundlich auf sein Pferd, um hinter ihm aufzusitzen. Sobald jedoch der verkleidete Bettler im Sattel saß, galoppierte er davon und Al-Mamun lief zu Fuß hinterher und rief ihm zu, anzuhalten. Nachdem Omah zwischen sich und seinem Verfolger einen sicheren Abstand eingelegt hatte, hielt er an und drehte sich um.

„Du hast mein Pferd gestohlen", schrie Al-Mamun, „ich möchte dich etwas bitten."

„Was ist es?", schrie Omah zurück.

„Daß du niemand erzählst, wie du in den Besitz des Pferdes kamst."

„Warum nicht?"

„Vielleicht wird eines Tages ein wirklich kranker Mann am Straßenrand liegen, und wenn deine List bekannt wird, werden alle vorbeigehen und niemand wird ihm helfen."

Bäume pflanzen

Die Zeit der Monsunregen stand bevor, und ein sehr alter Mann grub in seinem Garten tiefe Löcher.

„Was tut Ihr?", fragte ein Nachbar.

„Ich pflanze Mango-Bäume", lautete die Antwort.

„Wollt Ihr etwa noch Früchte von diesen Bäumen essen?"

„Nein, so lange werde ich nicht mehr leben. Aber andere werden dasein. Mir fiel neulich ein, daß ich mein Leben lang Mangos gegessen habe, die von anderen Leuten gepflanzt wurden. Auf diese Weise möchte ich ihnen meine Dankbarkeit zeigen."

Der heimliche Dienst

Die Gemeinde wunderte sich, daß ihr Rabbi jede Woche am Vorabend des Sabbat verschwand. Sie hatten ihn in Verdacht, sich heimlich mit dem Allmächtigen zu treffen und beauftragten daher einen aus ihrer Mitte, ihm zu folgen.

Und das sah der Mann: Der Rabbi zog sich wie ein Bauer an und versorgte eine gelähmte, nichtjüdische Frau in ihrer Behausung, indem er putzte und ein Festtagsessen für sie vorbereitete.

Als der Spion zurückkam, fragte die Gemeinde: „Wohin ist der Rabbi gegangen? Fuhr er gen Himmel?"

„Nein", erwiderte der Mann, „er stieg noch höher."

Fachleute im Toreöffnen

Ein Priester befahl seinem Diakon, zehn Männer zusammenzurufen, um die Gebete zur Gesundung eines kranken Mannes zu sprechen.

Als sie sich versammelt hatten, flüsterte einer dem Priester ins Ohr: „Unter diesen Männern sind einige berüchtigte Diebe."

„Um so besser", sagte der Priester, „wenn die Tore der Gnade verschlossen sind, sind sie die Fachleute, die sie öffnen können."

Der Gotteslästerer

Eines Tages lud Abraham einen Bettler zum Essen in sein Zelt ein. Als das Tischgebet gesprochen wurde, begann der Mann, Gott zu verfluchen, und erklärte, er könne nicht ertragen, Seinen Namen zu hören.

Empört warf Abraham den Gotteslästerer hinaus.

Als er zur Nacht betete, sagte Gott zu ihm: „Dieser Mann hat mich fünfzig Jahre verflucht und geschmäht, und ich habe ihm jeden Tag zu essen gegeben. Konntest du dich nicht wenigstens während einer einzigen Mahlzeit mit ihm abfinden?"

Vergebung

Niemand

„Mein Leben ist ein Scherbenhaufen", sagte der Besucher. „Meine Seele ist mit Sünde befleckt. Gibt es noch Hoffnung für mich?"

„Ja", sagte der Meister. „Es gibt etwas, wodurch alles Zerbrochene wieder verbunden und jeder Makel weggewischt wird."

„Was?"

„Vergebung."

„Wem vergebe ich?"

„Jedem: dem Leben, Gott, deinem Nächsten – vor allem dir selbst."

„Wie geschieht das?"

„Durch Verstehen, daß niemand zu beschuldigen ist", sagte der Meister. „NIEMAND."

Gottes Beruf ist zu vergeben

Katholische Christen bekennen ihre Sünden einem Priester und erhalten von ihm die Absolution als Zeichen der Vergebung durch Gott. Oft besteht aber die Gefahr, daß reuige Sünder darin eine Art Garantie sehen, eine Bescheinigung, die sie vor göttlicher Vergeltung bewahrt, und daher mehr auf die Absolution durch den Priester vertrauen als auf die Gnade Gottes.

Genau das wollte auch Perugino tun, ein italienischer Maler aus dem Mittelalter, als er im Sterben lag. Er beschloß, nicht zur Beichte zu gehen, um aus Angst seine Haut zu retten. Das wäre ein Sakrileg und eine Beleidigung Gottes.

Seine Frau, die nicht wußte, was im Inneren ihres Mannes vorging, fragte ihn einmal, ob er denn keine Angst habe, ohne Beichte zu sterben.

Perugino antwortete: „Sieh die Sache einmal so an, meine Liebe: mein Beruf ist es zu malen, und als Maler habe ich mich ausgezeichnet. Gottes Beruf ist es zu vergeben, und wenn er in seinem Beruf so tüchtig ist wie ich in meinem, sehe ich keinen Grund, Angst zu haben."

Verständnis

„Wie erlange ich die Gnade, nie über meinen Nächsten zu Gericht zu sitzen?"

„Durch Gebet."

„Warum habe ich sie dann noch nicht gefunden?"

„Weil du noch nicht am richtigen Ort gebetet hast."

„Wo ist das?"

„Im Herzen Gottes."

„Und, wie komme ich dorthin?"

„Begreife, daß jeder, der sündigt, nicht weiß, was er tut, und Vergebung verdient."

Ich bin Falschgeld

Es war einmal ein alter Sufi, der seinen Lebensunterhalt mit dem Verkauf von allerlei Krimskrams verdiente. Er schien nicht sehr kritisch zu sein, denn die Käufer bezahlten häufig mit Falschgeld, das er widerspruchslos akzeptierte, oder sie behaupteten, schon bezahlt zu haben, und auch wenn es nicht stimmte, protestierte er nicht.

Als seine letzte Stunde nahte, hob er die Augen zum Himmel und sagte: „Oh Allah, ich habe von den Menschen so manches Falschgeld angenommen, habe sie aber in meinem Herzen nicht verurteilt. Ich habe einfach vorausgesetzt, sie wüßten nicht, was sie täten. Auch ich bin Falschgeld, bitte verurteile mich nicht."

Und man hörte eine Stimme, die sagte: „Wie sollte jemand gerichtet werden, der andere nicht gerichtet hat?"

Liebevoll handeln ist leichter als liebevoll denken.

Urteil

„Wie soll ich anderen vergeben?"
„Wenn du nie verurteiltest, brauchtest du nie zu vergeben."

Verfolgen, um zu retten

Eines Tages zog ein Reisender die Straße entlang, als ein Reiter vorbeigaloppierte. Seine Augen blickten böse, und an seinen Händen war Blut.

Einige Minuten später hielt eine Schar von Reitern neben ihm und wollte wissen, ob er jemand mit Blut an den Händen hatte vorbeireiten sehen. Sie waren ihm hart auf den Fersen.

„Wer ist er?", fragte der Reisende.

„Ein Übeltäter", erwiderte der Anführer.

„Und ihr verfolgt ihn, um ihn der Gerechtigkeit zu überantworten?"

„Nein", sagte der Anführer, „wir verfolgen ihn, um ihm den Weg zu zeigen."

Eine andere Sicht

„Warum predigst du niemals Reue?", fragte der Prediger.
„Es ist das einzige, was ich lehre", erwiderte der Meister.
„Ich habe dich aber noch nie über das Beklagen der Sünden
sprechen hören."
„Reue ist kein Beklagen von Vergangenem. Das Vergangene
ist tot und nicht wert, darüber eine Träne zu vergießen. Reue
ist eine Umkehr des Geistes und des Herzens: eine radikal andere Sicht der Realität."

Buße tun

„Was für eine Buße soll ich tun angesichts des ganzen
Ausmaßes meiner Vergehen?"
„Verstehe die Unwissenheit, die ihnen zugrunde liegt", sagte
der Meister.
Dann fügte er hinzu: „So wirst du die anderen wie auch dich
selbst verstehen und ihnen und dir vergeben, du wirst aufhören, nach Rache zu rufen, die du Strafe oder Buße nennst."

Ehrlichkeit

Heiße Luft

Der Meister nahm es mit der Etikette und gepflegten Manieren gewiß nicht übertrieben genau, doch seinen Umgang mit anderen kennzeichneten immer eine natürliche Höflichkeit und Takt.

Einmal fuhr ein junger Schüler einen Verkehrspolizisten sehr grob an, als er den Meister eines Abends heimfuhr. Zu seiner Rechtfertigung sagte er: „Ich möchte lieber ehrlich sein und den Leuten genau zu verstehen geben, was ich meine. Höflichkeit ist nichts als eine Menge heißer Luft."

„Ganz recht", sagte der Meister freundlich, „doch eben die haben wir in unseren Autoreifen, und sehen Sie, wie sie die Stöße dämpft."

Er tut nur so

Eine Gruppe von Pilgern beschloß, einen Besuch beim Meister in ihr Reiseprogramm aufzunehmen. Als sie bei ihm waren, baten sie ihn um ein wegweisendes geistliches Wort.

Der Meister, der Menschen in religiösen Dingen rasch einordnen konnte, sagte: „Ihr solltet euch klarmachen, daß ihr in Wirklichkeit gar nicht religiös seid."

Keiner war über diese beleidigende Einschätzung ihres Selbstverständnisses erfreut, und sie verlangten eine Erklärung. Sagte der Meister:

„Ein Kaninchen und ein Löwe gingen einmal in ein Restaurant. Alle Gäste zuckten zusammen und trauten ihren Augen nicht.

Sagte das Kaninchen zum Kellner:

‚Eine Schüssel Salat bitte, ohne Essig und Öl.'

‚Und was ist mit deinem Freund?', fragte der Kellner, ‚was soll ich ihm bringen?'

‚Nichts.'

‚Glaubst du, der Löwe hat keinen Hunger?'

Das Kaninchen schaute den Kellner vorwurfsvoll an und sagte: ‚Meinst du, daß er hier sitzen würde, wenn er ein Löwe wäre? Er tut nur so.'"

Der Scharlatan

Die Halle war zum Brechen voll, meistens ältliche Damen. Es handelte sich um eine Art neuer Religion oder Sekte. Einer der Redner, nur mit Turban und Lendentuch bekleidet, stand auf. Er sprach gefühlvoll von der Macht des Geistes über die Materie, der Psyche über den Körper.

Alle lauschten gebannt. Schließlich kehrte der Redner auf seinen Platz mir gegenüber zurück. Sein Nachbar wandte sich ihm zu und fragte in einem lauten Flüstern: „Glauben Sie wirklich, was Sie gesagt haben, daß der Körper nichts fühlt, daß sich alles im Geist abspielt und daß der Geist bewußt durch den Willen beeinflußt werden kann?"

Der Scharlatan erwiderte in frommer Überzeugung: „Natürlich glaube ich das."

Darauf der Nachbar: „Würden Sie dann bitte mit mir den Platz tauschen? Ich sitze nämlich genau im Zug."

Ein Geschenk für die Mutter

Als ein achtjähriges Mädchen das Taschengeld dafür verwandte, ihrer Mutter ein Geschenk zu kaufen, war diese sehr dankbar und glücklich, denn im allgemeinen hat eine Mutter und Hausfrau viel Arbeit und wenig Anerkennung.

Das Mädchen schien das verstanden zu haben, denn sie sagte: „Dafür, daß du so schwer arbeitest, Mutter, und keiner es richtig würdigt."

Die Frau sagte: „Dein Vater arbeitet auch schwer."

Sagte das Mädchen: „Ja, aber er macht nicht so viel Aufhebens davon."

Sich bedienen lassen

Einige der Ältesten waren einmal in Scete versammelt, und Abt Johann der Zwerg war bei ihnen.

Während des Essens stand ein sehr alter Priester auf und machte Anstalten, sie zu bedienen. Aber keiner der Anwesenden wollte zulassen, daß er ihnen auch nur ein Glas Wasser brachte, außer Johann der Zwerg.

Die anderen zeigten sich davon schockiert und sagten später zu ihm: „Wie konntet Ihr Euch würdig erachten, von diesem heiligen Mann einen Dienst anzunehmen?"

Er erwiderte: „Wenn ich irgend jemand ein Glas Wasser anbiete, freue ich mich, wenn es angenommen wird. Sollte ich den Alten kränken, indem ich ihm die Freude vorenthielt, mir etwas zu geben?"

Der nächste, bitte!

„Es war sehr freundlich von Ihnen, bis zum Ende meiner Rede zu bleiben, obgleich alle anderen hinausgingen."
„Nett, daß Sie das sagen. Aber wissen Sie, ich bin der nächste Redner."

Sichere Zuflucht

Das Konzert in dem Badeort war schlecht und wurde auch in der Lokalzeitung nicht erwähnt. Nach der ersten Aufführung nahm die Zahl der Zuhörer merklich ab. Nur ein kleiner Mann kam jeden Abend und ließ keine Aufführung aus. Doch auch seine Anwesenheit, so sehr sich die Orchestermitglieder darüber freuten, konnte die Show finanziell nicht retten.

Am letzten Abend trat der Manager vor den Vorhang und sagte: „Meine Damen und Herren, bevor wir uns von Ihnen verabschieden, möchten wir unserem Freund hier in der ersten Reihe für seine hochgeschätzte Unterstützung danken. Er hat nicht eine einzige Aufführung ausgelassen!"

Der Mann erhob sich, um seinen Dank zu stottern. „Das ist sehr liebenswürdig von Ihnen", sagte er, „aber tatsächlich war hier der einzige Ort, wo meine Frau mich nie gesucht hätte!"

Gottlob bleibt der Öffentlichkeit verborgen,
warum wir anderen Hilfe leisten.

Eigene Propaganda

„Aufrichtigkeit ist nicht genug", konnte der Meister oft sagen. „Was du brauchst, ist Ehrlichkeit."

„Worin besteht der Unterschied?", fragte jemand.

„Ehrlichkeit ist ein ständiges Offensein für die Tatsachen", sagte der Meister. „Aufrichtigkeit ist das Glauben an die eigene Propaganda."

Den Wegweiser nicht mit dem Ziel verwechseln: Vom Umgang mit Methoden, Gelehrsamkeit und anderem Absoluten

Methoden und Ideologien

Der Teufel und sein Freund

Eines Tages machte der Teufel mit einem Freund einen Spaziergang. Sie sahen, wie sich vor ihnen ein Mann bückte und etwas aufhob.

„Was hat dieser Mann gefunden?", fragte der Freund.

„Ein Stück Wahrheit", sagte der Teufel.

„Beunruhigt dich das nicht?", fragte der Freund.

„Nein, durchaus nicht", sagte der Teufel, „ich werde ihm gestatten, ein religiöses Glaubensbekenntnis daraus zu machen."

Ein religiöses Bekenntnis ist ein Wegweiser, der den Weg zur Wahrheit zeigt. Menschen, die sich krampfhaft an den Wegweiser halten, werden daran gehindert, auf die Wahrheit zuzugehen, weil sie irrtümlicherweise glauben, sie schon zu besitzen.

Hinweise

Der Meister sah es als seine Aufgabe an, jedes Lehr- oder Glaubenssystem, jeden Begriff vom Göttlichen zu zerstören, da diese ursprünglich als Hinweise gedachten Dinge immer als Beschreibungen genommen werden.

Er zitierte dabei mit Vorliebe das orientalische Wort:

„Wenn der Weise auf den Mond zeigt, sieht der Idiot nur den Finger."

Die Formel

Der Mystiker war aus der Wüste zurückgekehrt. Begierig fragten sie: „Sag uns, wie ist Gott?"

Aber wie könnte er je in Worte kleiden, was er in den Tiefen seines Herzens erfahren hatte? Kann man Wahrheit in Worte fassen?

Schließlich gab er ihnen eine Formel – ungenau und unzulänglich – in der Hoffnung, einige dadurch zu veranlassen, selbst zu suchen, was er erfahren hatte.

Sie klammerten sich an die Formel. Sie machten einen heiligen Text daraus. Sie drängten es jedem als heiligen Glauben auf. Sie gaben sich große Mühe, ihn in fremden Landen zu verbreiten. Und einige opferten sogar ihr Leben dafür.

Und der Mystiker war traurig. Vielleicht hätte er besser geschwiegen.

Wahre Geistigkeit

Der Meister wurde gefragt: „Was ist Geistigkeit?"
Er sagte: „Geistigkeit ist das, was im Menschen eine innere Verwandlung bewirkt."

„Aber wenn ich die von den Meistern überlieferten traditionellen Methoden anwende, ist das nicht Geistigkeit?"

„Wenn es für dich nichts bewirkt, ist es nicht Geistigkeit. Eine Decke ist keine Decke mehr, wenn sie dich nicht wärmt."

„Also ändert sich Geistigkeit?"

Menschen ändern sich und brauchen Veränderungen. Was also einst Geistigkeit war, ist heute keine mehr. Was im allgemeinen unter der Bezeichnung Geistigkeit läuft, ist nur noch die Erinnerung an vergangene Methoden."

Schneide den Mantel so zu, daß er dem Menschen paßt. Schneide nicht den Menschen zu, daß er in den Mantel paßt.

Wessen Geschmack

Als jemand darauf beharrte, daß es nur eine *absolut* richtige Antwort auf eine moralische Frage geben könne, sagte der Meister:

„Wenn Leute an einem nassen Ort schlafen, bekommen sie Rheuma, was freilich nicht für Fische gilt.

Auf einem Ast leben kann gefährlich sein und anstrengend, was freilich nicht für Affen gilt.

Wer also von ihnen – Fisch, Affe und Mensch – hat den richtigen Aufenthaltsort – *absolut* gesehen?

Menschliche Wesen essen Fleisch, Büffel fressen Gras und Bäume ernähren sich aus dem Boden. Wessen Geschmack von diesen dreien ist der richtige – absolut gesehen?"

Wenn die Revolution kommt

Um einen Redner an der Straßenecke hatte sich eine kleine Menschenmenge versammelt. „Wenn die Revolution kommt", sagte er, „werden alle in großen schwarzen Limousinen herumfahren. Wenn die Revolution kommt, wird jedermann ein Telefon in der Küche haben. Wenn die Revolution kommt, wird jeder ein Stück Land sein eigen nennen."

Eine Stimme aus der Menge protestierte: „Ich möchte keine große schwarze Limousine haben, auch kein Stück Land oder ein Telefon in der Küche."

„Wenn die Revolution kommt", sagte der Redner, „wirst du verdammt noch mal tun, was dir gesagt wird!"

Schaff dir die Menschen vom Hals, wenn die Welt perfekt sein soll!

Auf Kredit

Der Meister lehnte Ideologien aus dem einfachen Grund ab, da sich ihre Theorien zwar einsichtig anhören, aber mit der Wirklichkeit nie übereinstimmen.

Er erzählte von einem Ideologen, der einmal sagte: „Das ist doch eine verrückte Welt! Die Reichen kaufen auf Kredit, obwohl sie im Geld schwimmen, aber die Armen, die keinen Pfennig haben, müssen in bar zahlen."

„Was schlägst du also vor?", fragte jemand.

„Das Ganze umkehren. Laß die Reichen bar zahlen und gib den Armen Kredit."

„Aber wenn ein Kaufmann den Armen Kredit gibt, wird er bald selbst arm enden."

„Großartig!" sagte der Ideologe, „dann kann er auch auf Kredit kaufen."

Größe

„**D**as Problem mit dieser Welt ist", sagte der Meister seufzend, „daß die Menschen sich weigern, erwachsen zu werden."

„Wann kann man von einem Menschen sagen, er sei erwachsen?", fragte ein Schüler.

„An dem Tag, an dem man ihm keine Lüge mehr aufzutischen braucht."

Nicht-Unterweisung

„**W**as lehrt dein Meister?", fragte ein Besucher. „Nichts", sagte der Schüler.

„Warum hält er dann Vorlesungen?"

„Er weist nur den Weg, er lehrt nichts."

Der Besucher konnte das nicht begreifen, deswegen erläuterte es der Schüler näher: „Wenn der Meister uns lehrte, würden wir aus seinen Lehren Glaubenssätze machen. Dem Meister geht es nicht darum, was wir glauben – nur darum, was wir sehen."

Geheilter Schmerz

Der Kalif ernannte Nasrudin zum höchsten Ratgeber an seinem Hof, weil er positive Berichte über ihn gehört hatte. Nasrudins Autorität beruhte also nicht auf Kompetenz, sondern auf der Protektion durch den Kalifen, wodurch er für alle Ratsuchenden eine Gefährdung darstellte, wie der folgende Fall zeigte:

„Nasrudin, Ihr seid ein Mann von Erfahrung", sagte ein Höfling. „Wißt Ihr, wie man schmerzende Augen heilt? Meine tun mir sehr weh."

„Ich will Euch von meiner eigenen Erfahrung sprechen", sagte Nasrudin. „Ich hatte einmal Zahnschmerzen, und es wurde nicht besser, bis der Zahn gezogen war."

Wem glauben?

Ein Nachbar kam zu Nasrudin und wollte sich dessen Esel borgen.

„Ich habe ihn ausgeliehen", sagte Nasrudin.

In diesem Augenblick begann das Tier im Stall zu schreien.

„Aber ich höre ihn schreien", sagte der Nachbar.

„Wem glaubst du mehr, dem Esel oder mir?"

Das Gesetz

„Das Gesetz ist ein Ausdruck von Gottes heiligem Willen und muß als solches in Ehren gehalten und geliebt werden", führte der Prediger gottesfürchtig aus.

„Blödsinn", sagte der Meister. „Das Gesetz ist ein notwendiges Übel und muß als solches auf das Mindestmaß beschränkt werden. Zeige mir einen Gesetzesliebhaber, dann zeige ich dir einen schafsköpfigen Tyrannen."

Er erzählte einmal von seiner Schwester, die das Schieben des Kinderwagens, in dem ihre kleine Tochter lag, ermüdend fand und deshalb einen Motor daran anbringen ließ. Daraufhin schritt die Polizei ein. Als erstes wurde eingewendet, daß der motorgetriebene Kinderwagen drei Meilen in der Stunde zurücklegen könnte und deshalb als „Kraftfahrzeug" einzustufen sei, weshalb die Mutter für Nummernschilder, Beleuchtung und Bremsen sorgen müßte und, als Krönung des Ganzen, einen Führerschein bräuchte.

Worte

Schau direkt auf den Mond

Der Dichter Awhadi aus Kerman saß eines Nachts über ein Gefäß gebeugt vor seiner Tür. Der Sufi Shams aus Tabris kam zufällig vorbei. „Was tust du?", fragte er den Dichter.

„Ich betrachte den Mond in einer Schale voll Wasser", lautete die Antwort.

„Warum blickst du nicht direkt auf den Mond am Himmel, oder hast du dir etwa den Hals gebrochen?"

Wörter sind unzureichende Abbilder der Wirklichkeit. Ein Mann dachte, er kenne das Taj Mahal, weil man ihm ein Stück Marmor gezeigt und gesagt hatte, das Taj Mahal sei nichts weiter als eine Anhäufung solcher Steine. Ein anderer war überzeugt, er kenne die Niagara-Fälle, weil er Niagara-Wasser in einem Eimer gesehen hatte.

Das verlorene Motto

Menschen ernähren sich von Worten,
leben durch Worte,
würden ohne Worte zerbrechen.

Ein Bettler zupfte einen Passanten am Ärmel und bat um Geld, weil er sich eine Tasse Kaffee kaufen wollte. Und das war seine Geschichte: „Es gab eine Zeit, Sir, da war ich ein reicher Kaufmann, genau wie Ihr. Den ganzen Tag arbeitete ich hart. Auf meinem Schreibtisch stand der Leitspruch: kreativ denken, entschlossen handeln, gefährlich leben. Nach diesem Motto lebte ich – und das Geld strömte nur so herein. Und dann und dann … (der Bettler zitterte vor Schluchzen) … warf die Putzfrau mein Motto in den Mülleimer."

Wissen

Ein Wissenschaftler besuchte den Meister, um dagegen zu protestieren, daß seine Geringschätzung der begrifflichen Denkweise, die im Widerspruch zum „begriffsfreien Wissen" stünde, der Wissenschaft gegenüber unfair sei.

Der Meister bemühte sich, deutlich zu machen, daß er durchaus ein Freund der Wissenschaft sei. „Aber", bemerkte er, „das Wissen, das Sie über Ihre Frau haben, sollte doch besser über die begrifflichen Feststellungen der Wissenschaft hinausgehen!"

Als er später zu seinen Schülern sprach, wurde er noch deutlicher: „Begriffe definieren", sagte er, „definieren heißt zerstören. Begriffe zerlegen die Wirklichkeit. Und was man zerlegt, tötet man."

„Sind Begriffe dann ganz nutzlos?", wollten die Schüler wissen.

„Nein! Zerlege eine Rose, und du wirst wertvolle Informationen über sie erhalten, doch keinerlei Wissen von ihr besitzen. Werde ein Gelehrter, und du wirst von der Wirklichkeit viele Kenntnisse erwerben, doch keinerlei Wissen."

Worte

Selten gingen dem Meister die Worte so über die Lippen,
als wenn er vor der betörenden Macht der Worte warnte:
„Nimm dich vor Wörtern in acht", sagte er.
„Sobald du wegschaust, werden sie ihr eigenes Leben führen,
werden sie dich blenden,
hypnotisieren, terrorisieren,
– dich von der Wirklichkeit, für die sie stehen, fort in die Irre
führen –,
dich dazu verleiten, sie für wahr zu halten.
Die Welt, die du siehst, ist nicht das Königreich, das Kinder
schauen, sondern eine zerstückelte Welt, die durch Wörter in
Tausende einzelner Teile zerlegt ist …
Es ist, als sehe man jede Meereswelle einzeln und abgeson-
dert vom Ozean.

Sobald Wörter und Gedanken
zum Schweigen gebracht sind,
erblüht das Universum fort
– wirklich, ganz und eins –,
und Wörter werden das,
was sie immer bedeuten sollten:
die Partitur, nicht die Musik,
das Menü, nicht das Essen,
der Wegweiser, nicht das Reiseziel."

Universalität

Gewöhnlich riet der Meister davon ab, in ein Kloster zu gehen.

„Um aus Büchern zu lernen, braucht man nicht in einer Bibliothek zu leben", pflegte er zu sagen.

Oder sogar noch eindringlicher: „Man kann Bücher lesen, ohne je eine Bibliothek betreten zu haben, und Geistigkeit pflegen, ohne je in eine Kirche zu gehen."

Bücher

Der Meister hatte ein großes Warnschild mit einem Totenkopf in der Klosterbibliothek anbringen lassen. Darauf stand in großen Buchstaben: BÜCHER TÖTEN!

„Warum?", wollte jemand wissen.

„Weil Bücher Ideen gebären, die zu Überzeugungen erstarren können, was eine Verhärtung des Geistes und eine verzerrte Wahrnehmung der Wirklichkeit zur Folge hat."

Wie dann?

Es war Vorlesungszeit, als der Meister ausführte: „Der Genius eines Komponisten findet sich in den Noten seiner Musik, doch eine Analyse der Noten wird seinen Genius nicht erkennbar machen. Die Größe eines Dichters liegt in seinen Worten, dennoch wird eine Untersuchung der einzelnen Worte seine Inspiration nicht hervortreten lassen. Gott offenbart sich in der Schöpfung, doch erforsche die Schöpfung so genau, wie du nur kannst, du wirst Gott nicht finden, ebensowenig wie du die Seele durch eine gründliche Untersuchung deines Körpers entdecken wirst."

Bei der anschließenden Diskussion war die erste Frage eines Schülers: „Wie können wir dann Gott finden?"

„Dadurch, daß wir die Schöpfung betrachten, und nicht, indem wir sie analysieren."

„Und wie betrachtet man sie?"

„Die Schönheit des Sonnenuntergangs begreift man nicht, solange man die Sonne und die Wolken, den Himmel und den Horizont begutachtet. Denn Schönheit ist kein ‚Ding‘, sondern eine besondere Weise des Sehens, ähnlich der kleiner Kinder, deren Sicht nicht von vorgefertigten Lehren und Überzeugungen verstellt ist."

Die feinste Sprache

Einmal stellte der Meister eine Rätselfrage: „Was haben Künstler und Musiker mit dem Mystiker gemeinsam?"
Niemand wußte eine Antwort. „Die Einsicht, daß die feinste Sprache nicht von der Zunge kommt", sagte der Meister.

Konvention

Die Katze des Gurus

Jeden Abend, wenn der Guru sich zur Andacht niederließ, pflegte die Ashram-Katze herumzustreunen und die Beter abzulenken. Also ließ er die Katze während des Abendgottesdienstes anbinden.

Lange nach dem Tode des Gurus wurde die Katze stets während des Abendgottesdienstes angebunden. Und als die Katze schließlich starb, wurde eine andere Katze in den Ashram gebracht, so daß man sie ordnungsgemäß während des Abendgottesdienstes anbinden konnte.

Jahrhunderte später schrieben die Schüler des Gurus gelehrte Abhandlungen darüber, welch wichtige Rolle eine Katze in jedem ordentlich gestalteten Kult spiele.

Wie der König

Als Händels „Messias" zum erstenmal in London aufgeführt wurde, überwältigten den anwesenden König beim Gesang des „Halleluja" tiefe religiöse Gefühle, so daß er gegen alle Konvention in schweigender Ehrfurcht vor dem Meisterwerk aufstand.

Als die anwesenden Adligen das sahen, folgten sie dem Beispiel des Königs und standen auch auf. Das war selbstverständlich das Zeichen für alle anderen Zuhörer, ebenfalls aufzustehen.

Seitdem gilt es als unerläßlich, aufzustehen, wenn das „Halleluja" gesungen wird, ungeachtet der eigenen Einstellung dazu oder der Qualität der Aufführung.

Pragmatismus

Die Schülerin bereitete ihre Hochzeitsfeier vor und erklärte, daß sie aus Liebe zu den Armen ihre Familie überredet hatte, entgegen der Konvention die armen Gäste an das obere Ende der Tafel zu setzen und die reichen an die Tür.

Sie blickte den Meister an und erwartete seine Zustimmung.

Der Meister hielt inne, um nachzudenken, dann sagte er: „Das wäre äußerst ungeschickt, meine Liebe. Niemand würde die Hochzeit richtig genießen. Deiner Familie wäre es peinlich, deine reichen Gäste wären beleidigt und deine armen Gäste blieben hungrig, denn sie wären zu stolz, sich am oberen Ende der Tafel wirklich satt zu essen."

Imitation

Nachdem der Meister Erleuchtung erreicht hatte, lebte er ein einfaches Leben, weil ihm ein einfaches Leben zusagte. Er lachte über seine Schüler, die, ihn nachahmend, sich gleichfalls dem einfachen Leben zuwandten.

„Was nützt es, mein Verhalten nachzuahmen", sagte er, „ohne meine Motivation. Oder sich meine Motivation zu eigen zu machen, ohne die Idee, die dahintersteht?"

Sie verstanden ihn besser, als er sagte: „Wird eine Ziege ein Rabbi, weil er einen Bart trägt?"

Käfig ohne Gitter

Ein Bär ging in seinem sechs Meter langen Käfig hin und her. Als die Gitterstäbe nach fünf Jahren entfernt wurden, ging der Bär weiterhin diese sechs Meter hin und her, als ob der Käfig noch da wäre. Für ihn war er da!

Völlig erschöpft

Und weiter erzählte der Meister von dem Astronauten, der von einer Weltraumfahrt mit fünfhundert Erdumkreisungen zurückgekehrt war. Als man ihn fragte, wie er sich fühle, sagte er: „Völlig erschöpft! Stellen Sie sich vor, wie oft ich das Morgen-, Mittags-, Abend- und Nachtgebet sprechen mußte, das meine Religion vorschreibt."

Seine Pflicht getan

Der Meister richtete ein scharfes Protestschreiben an den Gouverneur wegen seines brutalen Vorgehens gegen eine antirassistische Demonstration.
Der Gouverneur schrieb zurück, daß er nur seine Pflicht getan hätte.
Sagte der Meister: „Immer, wenn ein sturer Mensch etwas macht, worüber er sich schämen sollte, erklärt er es zu seiner Pflicht."

Auf der falschen Seite

Joe war übers Wochenende zu Besuch gekommen. Klein Jimmy war überglücklich, daß sein großer Held sein Zimmer und sein Bett teilen würde.

Kaum war das Licht gelöscht, fiel Jimmy etwas ein. „O je", rief er, „beinahe hätte ich etwas vergessen."

Er sprang aus dem Bett und kniete sich daneben hin. Da er dem Bürschlein kein schlechtes Beispiel geben wollte, hievte sich Onkel Joe auch aus dem Bett und kniete auf der anderen Seite nieder.

„Du", flüsterte Jimmy erschrocken. „Wenn Mama das morgen sieht, bist du dran! Der Nachttopf ist auf dieser Seite!"

Autoritäten und Idole

Alleinsein

Einem Schüler, der ständig Antworten von ihm erwartete, sagte der Meister: „Du hast in dir eine Antwort auf jede Frage, die du stellst – wenn du nur wüßtest, wie du sie suchen solltest."

Und an einem anderen Tag sagte er: „Im Lande des Geistes kann man nicht bei dem Licht der Lampe eines anderen gehen. Du willst dir meine ausleihen. Ich möchte dich jedoch lieber lehren, wie du deine eigene herstellen kannst."

Die Laterne des Blinden

In alten Zeiten war es in Japan üblich, Papierlaternen zu benutzen. Das Papier schirmte eine brennende Kerze und wurde von Bambusstöcken zusammengehalten.

Ein blinder Mann besuchte zufällig seinen Freund, und da es schon spät war, wurde ihm für den Heimweg eine Laterne angeboten.

Er lachte über den Vorschlag. „Tag und Nacht sind für mich gleich", sagte er. „Was sollte ich wohl mit einer Laterne anfangen?"

Sein Freund sagte: „Richtig, du brauchst sie nicht, um deinen Weg nach Hause zu finden. Aber sie könnte verhindern, daß jemand im Dunkeln in dich hineinläuft."

Also ging der Blinde mit seiner Laterne weg. Es dauerte nicht lange, bis jemand in ihn hineinrannte und ihn umwarf.

„He, du unvorsichtiger Kerl!", schrie der Blinde. „Siehst du nicht die Laterne?"

„Bruder", entgegnete der Fremde, „deine Laterne ist ausgegangen."

Man geht sicherer
in der eigenen Dunkelheit
als im Licht eines anderen.

Nachfolgen

Ein Neuling, der unzufrieden war, sagte zu einem der Schüler: „Ich möchte wirklich wissen, ob der Meister heilig ist oder nicht."

„Was hat das schon zu sagen", erwiderte der Schüler.

„Warum sollte ich ihm denn folgen, wenn er selbst den Stand der Heiligkeit nicht erreicht hat?"

„Und warum solltest du ihm folgen, wenn er ihn tatsächlich erreicht hat? Der Lehre des Meisters nach hörst du an dem Tag auf, der Wahrheit zu folgen, an dem du jemandem nachfolgst."

Und er fügte hinzu: „Sünder sagen oft die Wahrheit. Und Heilige führten schon Menschen in die Irre. Prüfe, was gesagt wird, nicht den, der es sagt."

Der richtige Arzt

„Könnten Sie mir einen guten Arzt empfehlen?"
„Ich würde Dr. Chung vorschlagen. Er rettete mir das Leben."
„Wie ging das zu?"
„Ich war sehr krank und ging zu Dr. Ching. Ich nahm seine Medizin, und es ging mir noch schlechter. Dann ging ich zu Dr. Chang. Ich nahm seine Medizin und meinte, sterben zu müssen. Schließlich ging ich also zu Dr. Chung – und der war nicht da."

Einen anderen Arzt

Der Arzt befand, die Zeit sei gekommen, seinem Patienten die Wahrheit zu sagen. „Ich glaube, ich muß Ihnen mitteilen, daß Sie sehr krank sind und wahrscheinlich nur noch zwei Tage leben werden. Vielleicht wollen Sie Ihre Angelegenheiten ordnen. Möchten Sie irgend jemanden sprechen?"
„Ja", kam mit schwacher Stimme die Antwort.
„Und wen?", fragte der Arzt.
„Einen anderen Arzt."

Der Arzt weiß es besser

Der Arzt beugte sich über die leblose Gestalt im Bett. Dann richtete er sich auf und sagte: „Es tut mir leid, aber ich muß Ihnen sagen, Ihr Mann lebt nicht mehr, meine Liebe."
Von der leblosen Gestalt im Bett kam ein schwacher Protest: „Doch, ich lebe noch."
„Halt den Mund", sagte die Frau, „der Arzt weiß das besser als du."

Glück gehabt!

Haben Sie je daran gedacht, daß Ihr Guru Ihnen vielleicht die Heilung von einer Krankheit versprechen könnte, die er selbst verursacht hat?

„Gott sei Dank hatten wir ein Maultier zum Picknick mitgenommen, denn als ein Junge sich verletzte, konnten wir ihn auf dem Maultier zurücktransportieren."
„Wie verletzte er sich?"
„Das Maultier versetzte ihm einen Tritt."

Fachkundig

Irgendwann in den dreißiger Jahren exportierte eine Maschinenfabrik eine Maschine nach Japan.

Einen Monat später erhielt das Unternehmen ein Telegramm: MASCHINE FUNKTIONIERT NICHT. BITTE ZWECKS REGELUNG JEMANDEN SCHICKEN.

Die Firma schickte einen Mann nach Japan. Ehe er überhaupt Gelegenheit bekam, die Maschine zu überprüfen, erhielt das amerikanische Unternehmen ein zweites Telegramm: MANN ZU JUNG, BITTE ÄLTEREN SCHICKEN.

Die Antwort der Firma lautete: VORSCHLAGEN, IHN EINZUSETZEN. ER IST DER ERFINDER DER MASCHINE.

Reaktion

Der Meister wurde gefragt, nach welchen Kriterien er seine Schüler aussuche.

Er sagte: „Ich benehme mich bescheiden und zurückhaltend. Diejenigen, die sich daraufhin anmaßend betragen, weise ich sofort zurück. Diejenigen, die mich wegen meines bescheidenen Auftretens verehren, lehne ich genauso prompt ab."

Sprachlosigkeit

„Was nützt euer Lernen und eure Hingabe? Wird der Esel weise, weil er in einer Bibliothek wohnt, oder eine Maus heilig, weil sie in einer Kirche lebt?"

„Was brauchen wir also?"

„Ein Herz."

„Wie bekommt man eines?"

Der Meister wollte es nicht sagen. Was er auch sagt, sie würden es sofort zu einer Schulaufgabe machen oder in einen Gegenstand der Verehrung verwandeln.

Unterdrückung

Der Meister hatte wochenlang im Koma auf seinem Totenbett gelegen. Eines Tages öffnete er plötzlich die Augen, und sein Blick fiel auf seinen Lieblingsschüler.

„Du verläßt nie den Platz neben meinem Bett, nicht wahr?", sagte er sanft.

„Nein, Meister, ich kann nicht."

„Warum?"

„Weil Ihr das Licht meines Lebens seid."

Der Meister seufzte. „Habe ich dich so geblendet, mein Sohn, daß du dich immer noch weigerst, das Licht in *dir* zu sehen?"

Blindheit

„Darf ich Euer Schüler werden?"

„Du bist nur ein Schüler, weil deine Augen geschlossen sind. An dem Tag, an dem du sie öffnest, wirst du feststellen, daß du nichts von mir oder von jemand anderem lernen kannst."

„Wozu ist dann ein Meister da?"

„Dir zu der Erkenntnis zu verhelfen, daß es zwecklos ist, einen zu haben."

Einfach essen

Die Schüler nahmen daran Anstoß, daß der Meister für Personenkult nichts übrig hatte.

„Finde für dich selbst einen Gegenstand der Verehrung", pflegte er zu sagen, „und du wirst dich vor lauter Ehrfurcht ablenken lassen von dem, was wesentlich ist: Bewußtheit, die zur Liebe führt."

Und zur Selbstverteidigung führte er die Verachtung Jesu gegenüber denen an, die ‚Herr, Herr' riefen und dabei das Böse völlig übersahen, das sie taten.

Einmal reichte der Meister einem von Ehrfurcht ergriffenen Besucher eine Banane, der die Gabe so sehr bewunderte, daß er kaum mehr wußte, was er mit ihr anfangen sollte.

Als dem Meister dies berichtet wurde, meinte er dazu nur: „Sag dem Dummkopf, daß er sie essen soll."

Selbstgerechtigkeit

Der Meister liebte das gewöhnliche Volk und mißtraute denen, die wegen ihrer Heiligkeit auffielen.

Einem Schüler, der seine Meinung über das Heiraten wissen wollte, sagte er: „Paß auf, daß du keine Heilige heiratest."

„Warum denn nicht?"

„Weil das der sicherste Weg ist, dich zu einem Märtyrer zu machen", lautete des Meisters fröhliche Antwort.

Die Aufgabe

Als einige seiner Schüler einen weitbekannten geistlichen Begleiter mit Lob bedachten, hielt sich der Meister zurück.

Als man ihn später nach dem Grund fragte, sagte er: „Der Mann übt Macht über andere aus – er ist kein geistlicher Begleiter."

„Worin besteht dann die Aufgabe eines geistlichen Begleiters?"

„Zu inspirieren, nicht Vorschriften zu machen", sagte der Meister. „Wach zu machen, nicht zu nötigen."

Dem Geheimnis auf der Spur

Von Gott, dem Leben und anderem Glück

Wer ist Gott?

Das Ungeheuer im Fluß

Ein Dorfpriester wurde in seinen Gebeten durch spielende Kinder unter seinem Fenster abgelenkt. Um sie loszuwerden, rief er: „Unten am Fluß ist ein schreckliches Ungetüm. Lauft hin, dann werdet ihr sehen, wie es Feuer aus seinen Nasenlöchern bläst."

Bald hatte jeder im Dorf von dem gräßlichen Wesen gehört, und alles stürzte zum Fluß. Als der Priester das sah, schloß er sich der Menge an. Keuchend lief er hinunter zum Fluß, der vier Meilen entfernt war, und dachte: „Richtig, ich habe ja die Geschichte erfunden. Aber man kann nie wissen!"

Es ist einfach leichter, an die von uns geschaffenen Götter zu glauben, wenn wir andere von ihrer Existenz überzeugen können.

Glaubst du

Der Prediger war fest entschlossen, dem Meister eine unzweideutige Glaubensaussage über Gott zu entlocken.

„Glaubst du, daß es einen Gott gibt?"

„Natürlich glaube ich das", antwortete der Meister.

„Und daß er alles geschaffen hat, glaubst du das?"

„Ja, ja", sagte der Meister, „bestimmt glaube ich das."

„Und wer hat Gott geschaffen?"

„Du", erwiderte der Meister. Der Prediger schaute ihn entgeistert an. „Willst du mir im Ernst erzählen, daß ich Gott geschaffen habe?"

„Den, über den du ständig *nachdenkst* und *sprichst* – ja!", sagte der Meister ruhig.

Kompetente Auskunft

„Mein Tempelpriester sagt mir, daß der Tempel für mich der einzige Ort ist, um zu Gott zu beten. Was sagst du dazu?"

„Dein Tempelpriester ist nicht die richtige Person, die du hier um Rat fragen solltest", erwiderte der Meister.

„Aber er ist doch Experte, oder nicht?"

Darauf erzählte der Meister von einem Erlebnis, das er auf einer Reise im Ausland hatte: Als er in seinen zwei von zu Hause mitgebrachten Reiseführern blätterte, musterte sie sein Fremdenführer mit finsterer Miene und deutete dann auf das eine Buch: „Das da sehr schlechter Reiseführer, anderes Buch besser."

„Warum? Enthält dieses mehr Informationen?"

Der Fremdenführer schüttelte den Kopf: „Dieses Buch sagt, Fremdenführer fünf Dollar geben, anderes sagt fünfzig Cent."

Der Stachel

Ein Heiliger erhielt einst die Gabe, die Sprache der Ameisen sprechen zu können. Er wandte sich an eine, die genügend belesen erschien, und fragte: „Wem ähnelt der Allmächtige? Gleicht er irgendwie einer Ameise?"
Sagte die Gelehrte: „Der Allmächtige? Bestimmt nicht! Wir Ameisen, müßt Ihr wissen, haben nur einen Stachel. Aber der Allmächtige hat zwei!"

Mögliche Fortsetzung der obigen Geschichte:
Auf die Frage, wie es im Himmel aussehe, antwortete der Ameisengelehrte feierlich: „Dort werden wir sein wie Er, jeder wird zwei Stachel haben, nur kleinere."

Zwischen Vertretern theologischer Schulen ist eine erbitterte Auseinandersetzung darüber im Gange, wo genau der zweite Stachel im himmlischen Körper der Ameise sich befinden wird.

Von der Tat zum Gelächter

Der Meister war in mitteilsamer Stimmung, also versuchten seine Schüler von ihm zu erfahren, welche Entwicklungsstufen er auf seiner Suche nach dem Göttlichen durchgemacht hatte.

„Zuerst nahm mich Gott an der Hand und führte mich in das Land der Tat, und dort blieb ich mehrere Jahre. Dann kehrte Er zu mir zurück und führte mich in das Land des Leidens; dort lebte ich, bis mein Herz von jeder Bindung gereinigt war. Darauf fand ich mich wieder im Land der Liebe, dessen brennende Flamme alles verzehrte, was von meinem Selbst übriggeblieben war. Und das brachte mich in das Land der Stille, wo die Geheimnisse von Leben und Tod vor meinen staunenden Augen enthüllt wurden."

„War das die letzte Stufe Eurer Suche?", fragten sie.

„Nein", sagte der Meister, „eines Tages sagte Gott, ‚heute werde ich dich in das innerste Heiligtum des Tempels mitnehmen, in das Herz von Gott selbst.' Und ich wurde in das Land des Lachens geführt."

Gott ist hier draußen

Es war einmal eine gläubige und fromme Frau, die Gott liebte. Jeden Morgen ging sie in die Kirche. Unterwegs riefen ihr die Kinder zu, Bettler sprachen sie an, aber sie war so in sich versunken, daß sie nichts wahrnahm.

Eines Tages ging sie wie immer die Straße hinab und erreichte gerade rechtzeitig zum Gottesdienst die Kirche. Sie drückte an der Tür, doch sie ließ sich nicht öffnen. Sie versuchte es heftiger und fand die Tür verschlossen.

Der Gedanke, daß sie zum ersten Mal in all den Jahren den Gottesdienst versäumen würde, bedrückte sie. Ratlos blickte sie auf und sah genau vor ihrem Gesicht einen Zettel an der Tür. Darauf stand: „Ich bin hier draußen!"

Ausdruck

Er war ein religiöser Schriftsteller und an des Meisters Ansichten interessiert.

„Wie entdeckt man Gott?"

Sagte der Meister scharf: „Indem man das Herz durch stille Meditation weiß macht, anstatt Papier mit religiösen Abhandlungen zu schwärzen."

Und indem er sich an seine gelehrten Schüler wandte, fügte er neckend hinzu: „Oder indem man durch hochgeistige Konversation dicke Luft macht."

Das Wort ward Fleisch

Im Evangelium des heiligen Johannes lesen wir: Das Wort ward Fleisch und wohnte unter uns ... durch das Wort entstanden alle Dinge; nichts wurde ohne Es geschaffen. Alles Entstandene war lebendig durch sein Leben, und dieses Leben war das Licht der Menschen. Das Licht scheint weiter in der Dunkelheit, und die Dunkelheit hat es nie ausgelöscht.

Blick unverwandt in die Dunkelheit. Es wird nicht lange dauern, bis du das Wort siehst.

Das Wort ward Fleisch; es wohnte unter uns ...

Es ist bitter, sehen zu müssen, wie krampfhaft versucht wird, das Fleisch wieder in Wort zurückzuverwandeln. Worte, Worte, Worte.

Nicht zu beantworten

„Sag mir", wandte sich der Atheist an den Meister, „gibt es wirklich einen Gott?"

Sagte der Meister: „Wenn du willst, daß ich vollkommen ehrlich zu dir bin, möchte ich nicht antworten."

Daraufhin fragten die Schüler den Meister, warum er keine Antwort geben wollte.

„Weil seine Frage nicht zu beantworten ist", erwiderte er.

„Also bist du ein Atheist?"

„Ganz bestimmt nicht. Der Atheist macht den Fehler, das zu leugnen, wovon nichts gesagt werden kann."

Und nach einer Pause, in der seine Worte sich gleichsam setzen konnten, fuhr der Meister fort: „Und der Theist macht den Fehler, es zu behaupten."

Entdeckung

„Helft uns, Gott zu finden."
„Keiner kann euch dabei helfen."

„Warum nicht?"

„Aus dem gleichen Grund, aus dem einem Fisch nicht geholfen werden kann, den Ozean zu finden."

Gebet

Der Meister bekämpfte immer wieder die Vorstellungen, die sich die Menschen von Gott machten.

„Wenn euer Gott euch zur Hilfe kommt und euch aus mißlicher Lage befreit", pflegte er zu sagen, „dann ist es an der Zeit, sich auf die Suche nach dem wahren Gott zu machen."

Als man ihn bat, das näher zu erklären, erzählte er folgende Geschichte:

„Ein Mann ließ sein nagelneues Fahrrad unbeaufsichtigt auf dem Marktplatz stehen und ging einkaufen.

Erst am nächsten Tag erinnerte er sich an das Fahrrad und rannte auf den Marktplatz, überzeugt, daß es gestohlen worden sei. Das Rad befand sich noch genau dort, wo er es abgestellt hatte.

Überwältigt von Freude stürzte er in die nächste Kirche und dankte Gott, daß er sein Fahrrad sicher bewahrt hatte, nur um beim Herauskommen festzustellen, daß das Rad weg war!"

Beiseite lassen

Immer wenn der Prediger Gott erwähnte, konnte der Meister sagen: „Laß Gott hier beiseite."

Es kam der Tag, da der Prediger es nicht länger hinnehmen konnte: „Ich habe immer den Verdacht gehabt, daß du ein Atheist bist", schrie er heraus.

„Warum sollte ich Gott hier beiseite lassen? ... Warum?"

Darauf erzählte ihm der Meister die folgende Geschichte:

Ein Priester sprach einer Frau beim Tod ihres Mannes Trost zu.

„Und das hat Ihr Gott getan", sagte sie und weinte.

„Gott liebt den Tod nicht, liebe Frau", erwiderte der Geistliche. „Er beklagt ihn genauso wie Sie."

„Warum läßt er ihn dann zu?" fragte sie zornig.

„Wir wissen es nicht, denn Gott ist ein Geheimnis."

„Wie können Sie dann wissen, daß er den Tod nicht liebt?", schrie sie ihn an.

„Ja gut, nicht wirklich ... Wir dürfen es annehmen ..."

„Seien Sie still", heulte die Witwe. „Lassen Sie Gott hier gefälligst beiseite!"

Ein viel früheres Werk

Im Laufe eines Vortrags berief sich der Meister einmal auf ein Wort eines antiken Dichters.

Als der Vortrag zu Ende war, nahm eine junge Frau daran Anstoß. Der Meister hätte doch besser aus den heiligen Schriften zitieren sollen, und sie fragte: „Hat denn dieser heidnische Autor, auf den du dich berufst, wirklich Gott gekannt?"

„Junge Frau", sagte der Meister ernst, „wenn du meinst, daß Gott der Autor des Buches ist, das du die Schriften nennst, möchte ich dir sagen, daß er ebenso der Autor eines viel früheren Werkes ist, das Schöpfung heißt."

Der Sabbat ist für den Menschen gemacht, nicht der Mensch für den Sabbat – Religion und Glaube

Der Glaube und das „Bodenpersonal"

Falsch oder richtig?

Der Meister richtete bei einer entsprechenden Gelegenheit eine Grußadresse an die Gesellschaft „Die Religionsgefahr" und wies dabei unter anderem darauf hin, daß religiöse Menschen Gott allzuleicht zur Bemäntelung ihrer eigenen Beschränktheit und Selbstsucht benutzen.

Es war der Anlaß zu einer scharfen Entgegnung in Form eines umfangreichen Buches, in dem über hundert führende Persönlichkeiten der Religionsgemeinschaften in eingehenden Beiträgen die Aussage des Meisters zurückwiesen.

Als der Meister den dicken Band sah, lächelte er: „Wenn das, was ich sagte, falsch ist, wäre doch ein Artikel genug gewesen", sagte er.

Was für eine Nachricht

Als der Prediger wieder über das Thema der guten Nachricht sprach, unterbrach ihn der Meister mit der Frage: „Was für eine gute Nachricht ist das, die die Menschen so einfach in die Hölle kommen läßt und so schwer in den Himmel?"

Geistige Erleichterung

Der Meister war der Ansicht, kein Wort sei anstößig, wenn es im entsprechenden Zusammenhang gebraucht würde.

Als man ihm sagte, daß einer seiner Schüler des öfteren fluchte, bemerkte er: „Man weiß, daß Gotteslästerung geistige Erleichterung bringen kann, die dem Gebet versagt bleibt."

Laß den Zweig los

Ein Atheist fiel von einer Klippe. Beim Hinunterstürzen packte er den Zweig eines kleinen Baumes. Dort hing er nun zwischen dem Himmel und den dreihundert Meter tiefer liegenden Felsen, wohl wissend, daß er sich nicht viel länger würde festhalten können.

Plötzlich kam ihm eine Idee. „Gott", rief er, so laut er konnte. Schweigen, niemand antwortete.

„Gott", schrie er noch einmal. „Wenn es dich gibt, rette mich, und ich verspreche, daß ich an dich glauben und andere glauben lehren werde."

Wieder Schweigen. Dann ließ er den Zweig vor Schreck beinahe los, als eine kräftige Stimme über den Canyon dröhnte: „Das sagen sie alle, wenn Not am Mann ist."

„Nein, Gott, nein", rief er laut, nun etwas hoffnungsvoller geworden. „Ich bin nicht wie die anderen. Ich habe ja schon begonnen zu glauben, merkst du das nicht, ich habe ja schon deine Stimme vernommen. Nun mußt du mich bloß retten, und ich werde deinen Namen bis an die Enden der Welt verkünden."

„Gut", sagte die Stimme, „ich werde dich retten. Laß den Zweig los."

„Den Zweig loslassen?", schrie der verzweifelte Mann. „Hältst du mich für verrückt?"

Es heißt, das erwartete Wunder geschah nicht, als Moses seinen Stab in das Rote Meer warf, sondern nachdem der erste Mensch sich selbst hineinstürzte, wichen die Welten zurück, und das Wasser teilte sich, um den Israeliten eine sichere Furt zu gewähren.

Wie oft hast du an mich gedacht?

Der indische Weise Narada war ein Anhänger von Gott Hari. Seine Verehrung für ihn war so groß, daß er eines Tages auf den Gedanken kam, niemand auf der ganzen Welt liebte Gott mehr als er.

Der Herr las in seinem Herzen und sagte: „Narada, geh in jene Stadt am Ufer des Ganges, denn dort wohnt einer meiner Anhänger. Es wird dir guttun, in seiner Gesellschaft zu leben."

Narada ging hin und fand einen Bauern, der früh am Morgen aufstand, den Namen Hari nur einmal aussprach, danach seinen Pflug nahm, auf die Felder ging und dort den ganzen Tag arbeitete. Kurz vor dem Einschlafen sprach er den Namen Haris noch einmal aus. Narada dachte: „Wie kann dieser Bauer ein Verehrer Gottes sein? Den ganzen Tag ist er nur in seine weltlichen Beschäftigungen vertieft."

Da sagte der Herr zu Narada: „Füll deine Schale bis zum Rand mit Milch und geh damit um die ganze Stadt. Dann komm zurück, ohne einen einzigen Tropfen verschüttet zu haben." Narada tat, was ihm gesagt war.

„Wie oft hast du an mich gedacht, während du um die Stadt gingst?", fragte der Herr.

„Nicht ein einziges Mal, Herr", sagte Narada. „Wie sollte ich auch, wenn du mir befahlst, auf die Schale voller Milch zu achten?"

Der Herr sagte: „Diese Schale beanspruchte deine Aufmerksamkeit so sehr, daß du mich ganz vergessen hast. Sieh dagegen diesen Bauern! Er muß für den Lebensunterhalt einer Familie sorgen, denkt aber dennoch zweimal am Tag an mich."

Der kleine Eisbär

Die Leute waren empört, als der Meister sagte, daß wahre Religion keine soziale Angelegenheit sei. Er erzählte:
„Ein kleiner Eisbär fragte seine Mutter: ‚Mami, war mein Papa auch ein Eisbär?'
‚Natürlich war er ein Eisbär.'
Und nach einer Weile: ‚Sag, Mami, war mein Großvater auch ein Eisbär?'
‚Ja, er war auch ein Eisbär.'
‚Und mein Urgroßvater, war er auch ein Eisbär?'
‚Ja, er war einer. Warum fragst du?'
‚Weil ich friere.'"
Der Meister schloß: „Religion ist weder sozial, noch ist sie ererbt. Sie ist etwas ganz und gar Personales."

Die Religion der alten Dame

Eine sehr religiös eingestellte alte Dame hatte an allen bestehenden Religionen etwas auszusetzen, also gründete sie eine eigene.
Eines Tages sagte ein Reporter zu ihr, der sich wirklich bemühte, ihre Ansicht zu verstehen: „Glauben Sie wirklich, wie man behauptet, daß niemand in den Himmel kommen wird außer Ihnen und Ihrem Hausmädchen?"
Die alte Dame dachte über die Frage nach und erwiderte dann: „Bei Mary bin ich nicht so sicher."

Berichtigt die Heilige Schrift

Ein gelehrter Mann kam einst zu Buddha und sagte: „Was Ihr lehrt, Sir, steht nicht in den Heiligen Schriften."
„Dann fügt Ihr es doch in die Schriften ein", sagte Buddha.
Nach einer verlegenen Pause fuhr der Mann fort: „Darf ich mir die Kühnheit erlauben, Sir, anzudeuten, daß einiges von dem, was Ihr lehrt, den Heiligen Schriften direkt widerspricht?"
„Dann berichtigt die Schriften", sagte Buddha.

Den Vereinten Nationen wurde ein Vorschlag unterbreitet, die Heiligen Bücher aller Religionen der Welt zu überprüfen. Alles, was zu Intolerant, Grausamkeit oder Fanatismus führen konnte, sollte gestrichen werden. Alles, was irgendwie gegen die Würde und das Wohlergehen der Menschen gerichtet wäre, sollte ausgelassen werden.
Als sich herausstellte, daß Jesus Christus selbst diesen Vorschlag gemacht hatte, stürzten Reporter zu seiner Residenz, um nähere Erläuterungen zu bekommen. Seine Erklärung war einfach und kurz: „Die Heiligen Schriften sind wie der Sabbat für den Menschen gemacht", sagte er, „nicht der Mensch für die Schriften."

Größeren Mut

Alle Leute sprachen von dem frommen Mönch, der sein Leben durch Selbstmord verloren hatte.

Während niemand im Kloster die Tat des Mannes gutheißen konnte, sagten manche, sie bewunderten seinen Glauben.

„Glauben?", sagte der Meister.

„Ja, er hatte den Mut seiner Überzeugungen, nicht wahr?"

„Das war Fanatismus, nicht Glaube. Glaube fordert einen noch größeren Mut: seine Überzeugungen zu überprüfen und sie aufzugeben, wenn sie sich nicht mit der Wirklichkeit decken."

Totalitarismus

Zur großen Verlegenheit der Schüler sagte der Meister einmal zu einem Bischof, daß religiöse Menschen einen natürlichen Hang zur Grausamkeit hätten.

„Warum?", fragten die Schüler, als der Bischof gegangen war.

„Weil sie nur zu leicht Menschen opfern, um einen bestimmten Zweck zu fördern", sagte der Meister.

Zerstörung

Trotz all seiner Heiligkeit schien der Meister irgendwie etwas gegen Religion zu haben. Darüber wunderten sich die Schüler immer wieder, die im Gegensatz zum Meister Religion mit Spiritualität gleichsetzten.

„Religion, so wie sie heute praktiziert wird, arbeitet mit Strafen und Belohnungen. Mit anderen Worten, sie züchtet Angst und Gier – und beides ist Spiritualität besonders abträglich."
Später fügte er bedauernd hinzu: „So als ob man eine Überschwemmung mit Wasser bekämpfen wollte oder eine brennende Scheune mit Feuer."

Sich zu erkennen geben

Ein Fallschirmspringer sprang aus einem Flugzeug. Es war windig und ein mächtiger Sturm trieb ihn hundert Meilen von seiner Bahn ab. Sein Schirm verfing sich in einem Baum, und dort hing er nun stundenlang in der Luft und rief um Hilfe.

Schließlich kam jemand vorbei. „Wie sind Sie auf diesen Baum gekommen?", fragte er.

Der Fallschirmspringer sagte es ihm und fragte dann: „Wo bin ich?"

„Auf einem Baum", lautete die Antwort.

„He! Sie müssen ein Geistlicher sein!"

Der Fremde war verblüfft. „Ja, das bin ich. Wie kommen Sie darauf?"

„Weil das, was Sie sagten, durchaus richtig ist, und dennoch völlig überflüssig."

Verwicklung

Obwohl der Meister zu allen seinen Schülern freundlich war, konnte er doch nicht verbergen, daß er die, die in der „Welt" lebten – Verheiratete, Kaufleute, Bauern –, denen vorzog, die im Kloster wohnten.

Als ihm das vorgehalten wurde, sagte er: „Spiritualität, die im aktiven Leben geübt wird, ist unvergleichlich höher anzusetzen als die, die in der Zurückgezogenheit praktiziert wird."

Die königliche Taube

Nasrudin wurde Premierminister des Königs. Als er einmal durch den Palast wanderte, sah er zum erstenmal in seinem Leben einen königlichen Falken.

Nasrudin hatte noch nie zuvor eine solche Vogelart gesehen. Also nahm er die Schere und beschnitt die Klauen, die Schwingen und den Schnabel des Falken.

„Nun siehst du aus wie ein anständiger Vogel", sagte er, „Dein Wärter hat dich stiefmütterlich behandelt."

Es ist ein Kreuz mit frommen Leuten, die keine andere Welt kennen als die, in der sie leben, und von den Menschen, mit denen sie doch reden, nichts lernen!

Was du tun kannst

Ein Schüler kam auf seinem Kamel zu dem Zelt seines Sufi-Meisters geritten. Er stieg ab und ging direkt in das Zelt hinein, verneigte sich tief und sagte: „Mein Vertrauen in Gott ist so groß, daß ich mein Kamel draußen nicht angebunden habe, weil ich überzeugt bin, Gott wird die Interessen derer, die ihn lieben, schützen."

„Geh und binde dein Kamel an, du Narr", sagte der Meister. „Man soll Gott nicht mit Dingen belästigen, die man selbst erledigen kann."

Vorsehung in Rettungsbooten

Ein Priester saß an seinem Schreibtisch am Fenster und bereitete eine Predigt über die Vorsehung vor, als er plötzlich eine Explosion zu hören glaubte. Bald sah er auch Menschen in Panik hin und her laufen und erfuhr, daß ein Damm gebrochen war, der Fluß Hochwasser führte und die Bevölkerung evakuiert wurde. Der Priester sah, wie das Wasser auf der Straße stieg. Es fiel ihm schwer, aufsteigende Panik zu unterdrücken, aber er sagte sich: „Ausgerechnet jetzt arbeite ich an einer Predigt über die Vorsehung, da erhalte ich Gelegenheit zu praktizieren, was ich predige. Ich werde nicht fliehen. Ich werde hier bleiben und auf Gottes Vorsehung, mich zu retten, vertrauen."

Als das Wasser bis zu seinem Fenster stand, fuhr ein Boot vorbei, und die Menschen darin riefen ihm zu: „Steigen Sie ein, Herr Pfarrer." „Oh, nein, Kinder", sagte der Priester zuversichtlich, „ich vertraue auf die Vorsehung. Gott wird mich retten."

Er kletterte jedoch auf das Dach, und als das Wasser auch bis dorthin stieg, kam ein weiteres Boot voller Menschen vorbei, und sie drängten den Pfarrer, einzusteigen. Wiederum lehnte er ab.

Dieses Mal stieg er bis in die Glockenstube. Als ihm das Wasser bis zu den Knien reichte, schickte man einen Polizeioffizier mit einem Motorboot, um ihn zu retten. „Nein, danke, Herr Offizier", sagte der Priester ruhig lächelnd. „Sehen Sie, ich vertraue auf Gott. Er wird mich nicht im Stich lassen."

Als der Pfarrer ertrunken und zum Himmel aufgestiegen war, beklagte er sich sofort bei Gott. „Ich habe dir vertraut! Warum tatest du nichts, um mich zu retten?"

„Nun ja", erwiderte Gott, „immerhin habe ich drei Boote geschickt."

Erwachsensein

Zu einem Schüler, der ständig am Beten war, sagte der Meister: „Wann wirst du aufhören, dich auf Gott zu stützen und lernen, auf eigenen Füßen zu stehen?"

Der Schüler war erstaunt: „Aber gerade Ihr habt uns gelehrt, Gott als unseren Vater anzusehen!"

„Wann wirst du lernen, daß ein Vater nicht jemand ist, auf den man sich stützen kann, sondern jemand, der dich von deinem Anlehnungsbedürfnis befreit?"

Entkommen

Der Meister wurde schon zu Lebzeiten eine Legende. Man erzählte, daß Gott selbst einmal seinen Rat einholte: „Ich möchte mit den Menschen Versteck spielen. Ich habe meine Engel gefragt, wo ich mich am besten verstecken könnte. Einige sagten, in der Tiefe des Ozeans, andere auf dem höchsten Berggipfel, wieder andere, auf der erdabgewandten Seite des Mondes oder auf einem fernen Stern. Was schlägst du vor?"

Sagte der Meister: „Verbirg dich im menschlichen Herzen, das ist der letzte Ort, an den sie denken werden."

Bayazid bricht die Regel

Bayazid, der Moslem-Heilige, pflegte manchmal absichtlich gegen die äußeren Formen und Riten des Islam zu verstoßen.

Einmal geschah es, daß er auf dem Rückweg von Mekka in der iranischen Stadt Rey haltmachte. Die Einwohner, die ihn verehrten, eilten herbei, um ihn willkommen zu heißen, und verursachten in der Stadt ein großes Aufsehen. Bayazid, der dieser Art von Verehrung überdrüssig war, wartete, bis er den Marktplatz erreicht hatte. Dort kaufte er einen Laib Brot und begann, im Angesicht seiner Gefolgsleute schmatzend zu kauen. Es war ein Fastentag im Monat Ramadan, aber Bayazid fand, daß seine Reise durchaus rechtfertigte, dieses religiöse Gebot zu brechen.

Anders seine Gefolgsleute. Sie waren über sein Verhalten so entsetzt, daß sie ihn auf der Stelle verließen und nach Hause gingen. Zufrieden bemerkte Bayazid zu einem Schüler: „Siehst du, ich brauchte bloß etwas für sie Unerwartetes zu tun, und schon schwand ihre Verehrung für mich dahin."

Jesus entsetzte seine Gefolgsleute auf ähnliche Weise.

Die Massen brauchen einen Heiligen, den sie verehren können, einen Guru, den sie um Rat fragen. Ein stillschweigendes Abkommen: du mußt unseren Erwartungen gerecht werden, als Gegenleistung bieten wir dir Verehrung. Das Heiligkeitsspiel!

Ein wirklicher Rabbi

Einem Hindu-Weisen wurde das Leben Jesu vorgelesen. Als er erfuhr, wie Jesus von seinem Volk in Nazareth abgelehnt wurde, rief er: „Ein Rabbi, dessen Gemeinde ihn nicht aus der Stadt jagen will, ist kein Rabbi."

Und als er erfuhr, daß es Priester waren, die Jesus zum Tode verurteilten, sagte er seufzend: „Es ist schwierig für Satan, die ganze Welt irrezuführen, also beauftragt er damit prominente Geistliche überall in der Welt."

Die Klage eines Bischofs: „Überall, wohin Jesus kam, gab es Revolution; überall, wohin ich komme, bietet man mir Tee an."

Kein Zutritt

In seiner Autobiographie erzählt Gandhi, daß er sich als Student in Südafrika sehr für die Bibel interessierte, besonders für die Bergpredigt. Er war überzeugt, daß das Christentum die Antwort auf das Kastensystem war, das Indien seit Jahrhunderten belastete, und er erwog ernsthaft, Christ zu werden.

Eines Tages ging er in eine Kirche, um an der Messe teilzunehmen und mehr darüber zu erfahren. Er wurde am Eingang angehalten, und man wies ihn freundlich darauf hin, daß er gerne an einer Messe in einer Kirche teilnehmen könnte, die Schwarzen vorbehalten sei.

Er ging und kam nie wieder.

Sünde(r)

Bequemlichkeit für den Teufel

Eine alte christliche Legende:
Als der Sohn Gottes ans Kreuz genagelt wurde und seinen Geist aufgab, fuhr er vom Kreuz direkt hinunter zur Hölle und befreite alle Sünder, die dort Qualen litten.

Und der Teufel weinte und klagte, denn er dachte, er würde keine Sünder mehr für die Hölle bekommen.

Dann sagte Gott zu ihm: „Weine nicht, denn ich werde dir alle die heiligen Leute schicken, die im Bewußtsein ihrer Frömmigkeit so selbstzufrieden geworden sind und selbstgerecht die Sünder verdammen. Und damit wird die Hölle wieder voll besetzt sein, und zwar für Generationen, bis ich wiederkomme."

Hab Erbarmen

Eines Tages kniete ein Bischof vor dem Altar nieder und begann, sich in einem Ausbruch religiöser Leidenschaft an die Brust zu schlagen und zu rufen: „Ich bin ein Sünder, hab Erbarmen mit mir! Ich bin ein Sünder, hab Erbarmen mit mir!"

Der Ortspriester, der von diesem Beispiel an Demut inspiriert wurde, fiel neben dem Bischof auf die Knie, begann sich an die Brust zu schlagen und zu rufen: „Ich bin ein Sünder, hab Erbarmen mit mir! Ich bin ein Sünder, hab Erbarmen mit mir!"

Der Küster, der zufällig in der Kirche war, war so bewegt, daß er sich nicht zurückhalten konnte. Auch er fiel auf die Knie, schlug sich an die Brust und rief: „Ich bin ein Sünder, hab Erbarmen mit mir!"

Worauf der Bischof den Priester anstieß, auf den Küster zeigte und lächelnd sagte: „Sehen Sie mal, wer da denkt, er sei ein Sünder."

Die größte Sünde

Sagte der selbstgerechte Prediger:
„Welches ist deiner Einschätzung nach die größte Sünde der Welt?"

Der Meister antwortete:
„Wenn jemand andere Menschen als Sünder ansieht."

Zu viel Weihrauch

Eine Nonne, auf der Suche nach Erleuchtung, machte sich eine hölzerne Buddhafigur und bekleidete sie mit feinem Blattgold. Es war eine sehr schöne Statue, die sie stets bei sich trug.

Jahre vergingen, und die Nonne, die immer noch ihre Statue bei sich hatte, ließ sich in der Nähe eines kleinen Tempels nieder, in dem viele Buddha-Statuen standen, von denen jede einen eigenen Altar hatte.

Sie begann, vor ihrem goldenen Buddha täglich Weihrauch zu verbrennen, entdeckte aber zu ihrer Bestürzung, daß etwas Rauch zu den benachbarten Altären abwanderte.

Also machte sie sich einen Trichter aus Papier, durch den der Rauch nur zu ihrem Buddha emporstieg. Dadurch wurde die Nase der goldenen Statue schwarz – und die Figur sehr häßlich.

Ein Gebet buchstabieren

Eine chassidische Geschichte:
Eines Abends spät merkte ein armer Bauer auf dem Heimweg vom Markt, daß er sein Gebetbuch nicht bei sich hatte. Da ging mitten im Wald ein Rad seines Karrens entzwei, und es betrübte ihn, daß dieser Tag vergehen sollte, ohne daß er seine Gebete verrichtet hatte.

Also betete er: „Ich habe etwas sehr Dummes getan, Herr. Ich bin heute früh ohne mein Gebetbuch von zu Hause fortgegangen, und mein Gedächtnis ist so schlecht, daß ich kein einziges Gebet auswendig sprechen kann. Deshalb werde ich dies tun: ich werde fünfmal langsam das ganze ABC aufsagen, und du, der du alle Gebete kennst, kannst die Buchstaben zusammensetzen und daraus die Gebete machen, an die ich mich nicht erinnern kann."

Und der Herr sagte zu seinen Engeln: „Von allen Gebeten, die ich heute gehört habe, ist dieses ohne Zweifel das beste, weil es aus einem einfachen und ehrlichen Herzen kam."

Unvergeßlich

Eine fromme Frau erzählte dem Meister, daß sie am Morgen beim Beichten gewesen sei.

„Ich kann mir nicht vorstellen, daß Sie eine schwere Sünde begehen können", sagte der Meister.

„Was haben Sie denn gebeichtet?"

„Nun, daß ich zu faul war, am Sonntag zur Messe zu gehen, daß ich einmal dem Gärtner geschworen habe und daß ich einmal meine Schwiegermutter für eine ganze Woche aus dem Haus gejagt habe."

„Aber das ist doch schon fünf Jahre her, nicht wahr? Seitdem haben Sie doch sicherlich schon gebeichtet?"

„Ja, das habe ich. Aber ich beichte es jedes Mal. Ich erinnere mich halt so gern daran."

Askese

Zwei Sterne über dem Berg

Es war einmal ein sehr strenger Mann, über dessen Lippen weder Speise noch Trank kamen, solange die Sonne am Himmel stand. Ein Zeichen der himmlischen Anerkennung für seine Entbehrungen schien ihm ein heller Stern zu sein, der für alle sichtbar auch bei Tageslicht über einem nahen Berggipfel erstrahlte, obgleich niemand wußte, wie der Stern dorthin gekommen war.

Eines Tages beschloß der Mann, auf den Berg zu steigen. Ein kleines Mädchen aus dem Dorf wollte ihn unbedingt begleiten. Der Tag war warm, und bald wurden die beiden sehr durstig. Er drängte das Kind zu trinken, aber es wollte nicht, wenn er nicht auch tränke. Der arme Mann war in Verlegenheit. Er haßte es, sein Fasten zu brechen, aber er haßte es auch, das Kind unter dem Durst leiden zu sehen. Schließlich trank er, und das Kind mit ihm.

Lange Zeit wagte er nicht, zum Himmel emporzusehen, denn er fürchtete, der Stern sei verschwunden. Man stelle sich deshalb sein Erstaunen vor, als er schließlich wagte, aufzusehen, und zwei leuchtende Sterne über dem Berg sah.

Das ist hier nicht der Himmel

Es war einmal ein Asket, der ein enthaltsames Leben führte und es als seine Lebensaufgabe ansah, gegen sexuelle Wünsche bei sich und anderen anzukämpfen.

Als seine Zeit gekommen war, starb er. Und sein Schüler, der diesen Schock nicht überwinden konnte, starb kurz danach. Als er die andere Welt erreichte, traute er seinen Augen nicht: da saß sein geliebter Meister und hatte eine außergewöhnlich schöne Frau auf dem Schoß!

Er beruhigte sich bei dem Gedanken, daß sein Meister für seine sexuelle Enthaltsamkeit auf Erden belohnt wurde. Er trat zu ihm und sagte: „Geliebter Meister, nun weiß ich, daß Gott gerecht ist, denn Ihr werdet im Himmel für Eure Entbehrungen auf der Erde belohnt."

Der Meister schien ärgerlich: „Idiot", sagte er, „das ist nicht der Himmel, und ich werde nicht belohnt – sie wird bestraft."

Nicht bei Sinnen

Sagte ein Schüler: „Wir haben anzuziehen und zu essen –
wie kommen wir von all dem weg?"

„Wir essen und wir trinken", sagte der Meister.

„Ich verstehe nicht."

„Wenn du nicht verstehst, dann kleide dich an und iß dein
Mahl."

Später sagte er: „Du erhebst dich über etwas, dem du aus
dem Wege gehst!"

Und noch später: „Leute, die sich über ein gut zubereitetes
Mahl und ein gut geschnittenes Gewand erheben wollen,
sind spirituell nicht bei Sinnen."

Der zu enge Heiligenschein

Ein Mann kam zu einem Arzt und sagte: „Doktor, ich habe wahnsinnige Kopfschmerzen, die ich nie loswerde. Könnten Sie mir nicht etwas dagegen geben?"

„Durchaus", sagte der Arzt, „aber zunächst möchte ich einige Dinge abklären. Sagen Sie, trinken Sie viel Alkohol?"

„Alkohol?", erwiderte der Mann empört. „Dieses widerliche Zeug rühre ich nicht an."

„Wie steht's mit dem Rauchen?"

„Ich finde Rauchen ekelhaft. Nie in meinem Leben habe ich Tabak auch nur angefaßt."

„Es ist mir etwas peinlich, diese Frage zu stellen, aber Sie kennen ja die Männer. Treiben Sie sich nachts herum?"

„Natürlich nicht. Für wen halten Sie mich? Ich bin jeden Abend spätestens um zehn Uhr im Bett."

„Sagen Sie", fragte der Arzt, „ist dieses Kopfweh, von dem Sie sprechen, ein scharfer, stechender Schmerz?"

„Ja", sagte der Mann. „Das ist es – ein scharfer, stechender Schmerz."

„Ganz einfach, mein Lieber! Ihr Problem liegt darin, daß Ihr Heiligenschein zu stramm sitzt. Wir brauchen ihn nur etwas zu lockern."

Leben ist wie Zeichnen
ohne Radiergummi

Leben ist mehr

Ehefrau zu Ehemann, dessen Gesicht in einer Zeitung vergraben ist: „Ist es dir je in den Sinn gekommen, daß mehr am Leben sein könnte als das, was in der Welt vorgeht?"

Gegensätzliche Richtungen

Eines Tages stand der Meister dem Prediger gegenüber, der von keinen Zweifeln in seinen Überzeugungen geplagt war und sich selbstgerecht in seinen guten Werken sonnte.
Er sagte ihm: „Mein Freund, ich habe manchmal das Gefühl: wenn du einmal sterben wirst, stirbst du, ohne jemals gelebt zu haben – es wird so sein, als wäre das Leben an dir vorbeigegangen."
Und nach einer kurzen Pause fügte der Meister hinzu: „Nein, schlimmer als das: das Leben und du verliefen in gegensätzlichen Richtungen."

Wer bringt das Pferd zum Fliegen?

Im alten Indien verurteilte ein König einen Mann zum Tode. Der Mann bat den König, das Urteil aufzuheben, und fügte hinzu: „Wenn der König gnädig ist und mein Leben schont, werde ich seinem Pferd innerhalb eines Jahres das Fliegen beibringen."

„Es sei", sagte der König, „aber wenn das Pferd in dieser Zeit nicht fliegen lernt, wirst du dein Leben verlieren."

Als seine Familie voll Sorge den Mann später fragte, wie er sein Versprechen einlösen wolle, sagte er: „Im Lauf eines Jahres kann der König sterben. Oder das Pferd kann sterben, oder es kann fliegen lernen. Wer weiß das schon?"

Samen statt Früchte

Eine Frau träumte, sie beträte einen ganz neuen Laden am Markt, und zu ihrem Erstaunen stand Gott hinter dem Ladentisch.

„Was verkaufst du hier?", fragte sie.

„Alles, was dein Herz begehrt", sagte Gott.

Die Frau wagte kaum zu glauben, was sie hörte, beschloß aber, das Beste zu verlangen, was ein Mensch sich nur wünschen konnte. „Ich möchte Frieden für meine Seele und Liebe und Glück, und weise möchte ich sein und nie mehr Angst haben", sagte sie. Nach kurzem Nachdenken fügte sie hinzu: „Nicht nur für mich allein, sondern für alle Menschen auf der Erde."

Gott lächelte: „Ich glaube, du hast mich falsch verstanden, meine Liebe", sagte er, „wir verkaufen hier keine Früchte, nur die Samen."

Enthüllung

Einmal diskutierten die Schüler über die Nützlichkeit des Lebens. Einige hielten es für Zeitverschwendung, andere konnten dem nicht zustimmen.

Als man sich an den Meister wandte, sagt er:

„Habt ihr jemals einen jener Texte gelesen, in denen die Anmerkungen, die ein Leser an den Rand gekritzelt hatte, sich als genauso aufschlußreich erwiesen wie der Text selbst?"

Die Schüler nickten zustimmend.

„Das Leben", sagte der Meister, „ist ein solcher Text."

Kooperation

„Was ist das Geheimnis deiner Ruhe und Gelassenheit?", fragten die Schüler.

Sagte der Meister: „Aus dem Herzen kommendes, uneingeschränktes Kooperieren mit dem Unvermeidlichen."

Philosophie

Ehe der Besucher eventuelle Schülerschaft diskutierte, verlangte er von dem Meister Zusicherungen.

„Könnt Ihr mich lehren, was das Ziel eines Menschenlebens ist?"

„Das kann ich nicht."

„Oder wenigstens seinen Sinn?"

„Das kann ich nicht."

„Könnt Ihr mir das Wesen des Todes erklären und eines Lebens jenseits des Grabes?"

„Das kann ich nicht."

Der Besucher ging zornig davon. Die Schüler waren betreten, daß ihr Meister eine so schlechte Figur gemacht hatte.

Sagte der Meister tröstend: „Was nützt es, die Essenz des Lebens zu verstehen und seinen Sinn zu begreifen, wenn ihr es nie gekostet habt? Mir ist es lieber, ihr eßt euren Pudding, als daß ihr darüber spekuliert."

Kausalität

Jeder war überrascht von des Meisters supermoderner Metapher: „Das Leben ist wie ein Auto."
Sie warteten schweigend, wohl wissend, daß eine Erklärung nicht lange auf sich warten lassen würde.
„Oh ja", sagte er schließlich, „ein Auto kann dazu dienen, die Höhen zu erreichen."
Wieder Stille.
„Aber die meisten Menschen legen sich vor den Wagen, lassen sich überrollen und machen ihn dann für den Unfall verantwortlich."

Berechnung

Der Meister pflegte über jene Schüler zu lachen, die endlos überlegten, ehe sie sich zu etwas entschlossen.
Er charakterisierte sie so: „Leute, die alles bedenken, ehe sie einen Schritt tun, werden ihr Leben auf einem Bein verbringen."

Was lieber?

Ein Schüler neigte zu länger anhaltenden Depressionen. „Mein Arzt verlangt, daß ich Medikamente einnehme, um mir die Depressionen vom Leibe zu halten", sagte er.

„Warum nimmst du sie dann nicht?", fragte der Meister.

„Weil sie meiner Leber schaden und mein Leben verkürzen könnten."

Sagte der Meister: „Möchtest du lieber eine gesunde Leber als eine gute Laune? Ein Jahr Leben ist mehr wert als zwanzig Jahre Winterschlaf."

Und später sagte er zu seinen Schülern: „Mit dem Leben ist es wie mit einem Märchen: nicht die Länge zahlt, sondern die Qualität."

Harmonie

Trotz traditioneller Anschauungen hielt der Meister nur wenig von Vorschriften und Überlieferungen.

Ein Schüler geriet eines Tages in Streit mit seiner Tochter, weil der Mann darauf bestand, das Mädchen solle den künftigen Ehemann nach den Geboten ihrer Religion aussuchen.

Der Meister ergriff ganz offen Partei für das Mädchen.

Als der Schüler seinem Erstaunen Ausdruck gab, daß ein heiliger Mann solches tue, sagte der Meister:

„Du mußt begreifen, Leben ist wie Musik, und die entsteht mehr aus Gefühl und Instinkt als nach Regeln."

Handeln und feilschen

Als junger Mann kam der Meister viel in der Welt herum. So hörte er einmal im Hafen von Shanghai lautes Schreien nicht weit von seinem Schiff entfernt. Er schaute sich um und sah einen Mann, der sich über die Bordwand einer in der Nähe liegenden Dschunke beugte und dabei einen anderen Mann am Zopf im Wasser hin und her zog.

Der Mann in der Dschunke tauchte immer wieder den anderen Mann ins Wasser, um ihn sogleich wieder herauszuziehen. Daraufhin stritten die beiden eine Weile miteinander, bis der eine den anderen aufs neue untertauchte.

Der Meister läutete dem Schiffsjungen und fragte ihn, was denn der Streit bedeute. Der Junge lauschte einen Augenblick, lachte und sagte: „Nichts, Herr. Mann im Boot will sechzig Yen, dann anderen Mann nicht ertränken. Mann im Wasser sagt nein, nur vierzig Yen."

Die Schüler lachten über die Geschichte.

Darauf sagte der Meister:

„Gibt es einen unter euch, der nicht um das einzige Leben, das er hat, handeln und feilschen würde?"

Und alle schwiegen.

Wer hat schon das Glück?

Diese Geschichte erinnerte die Schüler an den Pessimisten, der sagte: „Das Leben ist schrecklich, es wäre besser gewesen, nicht geboren worden zu sein."

„Ja", erwiderte der Meister mit einem Funkeln in seinen Augen, „aber wie viele haben diese Art von Glück? Einer unter zehntausend vielleicht."

Was dazwischen liegt

„Mein früherer Meister lehrte mich, Geburt und Tod anzunehmen."

„Warum bist du dann zu mir gekommen?", fragte der Meister.

„Zu lernen, das anzunehmen, was dazwischen liegt."

… und was kommt danach?

Nebensächlichkeit

An jenem Tag ging es während der öffentlichen Versammlung bei allen Fragen um das Leben jenseits des Grabes. Der Meister lachte nur und gab keine einzige Antwort.

Seinen Schülern, die wissen wollten, warum er auswich, sagte er später: „Habt ihr nicht bemerkt, daß es ausgerechnet diejenigen sind, die nichts mit diesem Leben anzufangen wissen, die ein weiteres, ewig währendes wollen?"

„Aber gibt es nun Leben nach dem Tode oder nicht?", beharrte ein Schüler.

„Ist da Leben vor dem Tod – das ist die Frage!", sagte der Meister hintergründig.

Bei den meisten

„Manche Leute behaupten, es gäbe kein Leben nach dem Tod", sagte ein Schüler.

„Tun sie das?", fragte der Meister unverbindlich.

„Wäre es nicht furchtbar zu sterben, ohne jemals wieder zu sehen, zu hören, zu lieben oder sich zu bewegen?"

„Findest du das furchtbar?", erwiderte der Meister. „Das ist doch bei den meisten Menschen so, noch bevor sie gestorben sind."

Schon jetzt?

Ein Priester betrat ein Pub und war empört, dort so viele seiner Pfarrkinder anzutreffen. Er versammelte sie um sich und führte sie in die Kirche.

Dann sagte er feierlich: „Alle die, die in den Himmel kommen möchten, treten bitte links heraus." Jedermann trat nach links außer einem, der stur stehen blieb.

Der Priester sah ihn scharf an und sagte: „Willst du nicht in den Himmel kommen?"

„Nein", erwiderte der Mann.

„Willst du damit sagen, daß du nicht in den Himmel kommen willst, wenn du stirbst?"

„Natürlich will ich in den Himmel kommen, wenn ich sterbe. Aber ich dachte, wir sollten schon jetzt gleich gehen!"

Wir sind nur bereit, den ganzen Weg zu Fuß zu gehen, wenn unsere Bremsen nicht funktionieren.

Auf der Durchreise

Ein vom Äußeren her streng und unnachsichtig wirkender Sufi erschien vor den Toren des Palastes. Niemand wagte ihn aufzuhalten, als er geradewegs auf den Thron zuschritt, den der heiligmäßige Ibrahim ben Adam innehatte.

„Was wünschst du?", fragte der König.

„Einen Platz, um in dieser Karawanserei zu schlafen."

„Das ist keine Karawanserei. Das ist mein Palast."

„Darf ich fragen, wem dieser Ort vor Euch gehörte?"

„Meinem Vater. Er ist tot."

„Und wem gehörte er vor diesem?"

„Meinem Großvater. Er ist auch tot."

„Und dieser Ort, den Menschen eine kurze Weile bewohnen und dann weiterziehen – sagtet Ihr wirklich, er sei keine Karawanserei?"

Sokrates und das lyrische Gedicht

Sokrates war im Gefängnis und wartete auf die Vollstreckung seines Urteils. Eines Tages hörte er, wie ein Mitgefangener ein schwieriges lyrisches Lied des Dichters Stesichoros sang.

Sokrates bat den Mann, ihn dieses Gedicht zu lehren.

„Warum?", fragte der Sänger.

„Daß ich in dem Bewußtsein sterben kann, noch etwas dazugelernt zu haben", lautete die Antwort des großen Mannes.

Schüler: „Warum sollte man eine Woche vor dem Tod noch etwas Neues lernen?"

Meister: „Aus dem gleichen Grund, aus dem du fünfzig Jahre vor deinem Tod etwas Neues lernen würdest."

Mach dich glücklich!

Durstig

Der Hauptgrund, warum viele Leute unglücklich sind, ist darin zu suchen, daß sie eine verkehrte Befriedigung aus ihren Leiden gewinnen, sagte der Meister.

Dann erzählte er, wie er einmal auf einer Bahnfahrt im oberen Bett eines Liegewagens die Nacht verbrachte. Es war ihm unmöglich einzuschlafen, da von unten her ständig ein Stöhnen zu hören war: „Ach, bin ich durstig … ach, bin ich durstig …!" Das Stöhnen wollte kein Ende nehmen. Da kletterte der Meister schließlich die Leiter hinunter, ging durch den ganzen Zug zum Speisewagen, kaufte zwei Becher Bier, ging den langen Weg zu seinem Abteil zurück und reichte die beiden Becher dem geplagten Mitreisenden.

„Hier ist etwas zu trinken!"

„Wunderbar, Gott sei Dank!"

Der Meister stieg die Leiter hoch und streckte sich wieder aus. Kaum hatte er die Augen geschlossen, hörte er es von unten her stöhnen: „Ach Gott, *war* ich durstig … oh, *war* ich durstig!"

Unglück

„Unglück kann Reifung und Erleuchtung bewirken", sagte der Meister.

Und er erklärte das so:

„Ein Vogel suchte jeden Tag Schutz in den dürren Zweigen eines Baumes mitten auf einer weiten, verlassenen Ebene. Eines Tages wurde der Baum von einem Sturm entwurzelt, so daß der arme Vogel gezwungen war, hunderte von Meilen zu fliegen, um Unterschlupf zu finden, bis er schließlich zu einem Wald früchteschwerer Bäume kam."

Und er schloß: „Wäre der verdorrte Baum stehen geblieben, hätte den Vogel nichts bewogen, seine Sicherheit aufzugeben und loszufliegen."

Wie ein Schmetterling

„Das Glück ist ein Schmetterling", sagte der Meister. „Jag ihm nach, und er entwischt dir. Setz dich hin, und er läßt sich auf deiner Schulter nieder."

„Was soll ich also tun, um das Glück zu erlangen?"

„Hör auf, hinter ihm her zu sein."

„Aber gibt es nichts, was ich tun kann?"

„Du könntest versuchen, dich ruhig hinzusetzen, wenn du es wagst."

Glück

Jemand fragte den Meister: „Glauben Sie an Glück?"
„Durchaus", erwiderte er mit einem Aufblitzen in seinen Augen. „Wie sonst ließe sich der Erfolg von Leuten erklären, die man nicht mag."

Der Lebenswunsch

Die Geburt seines ersten Kindes erfüllte den Meister mit Freude. Staunend blickte er das Neugeborene immer wieder an.
„Was wünschst du ihm, einmal zu sein, wenn es groß geworden ist?", fragte ihn jemand.
„Maßlos glücklich", antwortete der Meister.

Begeisterung

Zu der Frau, die klagte, Reichtum habe sie nicht glücklich gemacht, sagte der Meister: „Du redest, als ob Luxus und Bequemlichkeit unbedingt zum Glück gehörten. Um wirklich glücklich zu sein, meine Liebe, brauchst du statt dessen nur irgend etwas, wofür du dich begeistern kannst."

Du selbst

Ein Geschäftsmann wollte vom Meister wissen, was das Geheimnis eines erfolgreichen Lebens sei.
Sagte der Meister: „Mach jeden Tag einen Menschen glücklich!"
Und er fügte als nachträglichen Gedanken hinzu: „... selbst, wenn dieser Mensch du selbst bist."
Nur wenig später sagte er: „Vor allem, wenn dieser Mensch du selbst bist."

Quellennachweis

Weisheit kommt aus dem Herzen:
Auf der Suche nach dem eigenen Glück

Wer bin ich?
Offenlegen: W 68/69 – Auszeichnung: W 49 – Tiefe: W 14 – Wegmeißeln: U 201 – Ein irdenes Gefäß: U 48 – Verheimlichung: W 80 – Adler oder Huhn?: PF 70/71 – Wer bist du?: Sch 130 – Wer ist Maruf Karkhi?: Sch 129 – Der geheimnisvollste Gegenstand: Sch 120 – Wohin du auch gehst: Sch 120/121 – Schwarze Luftballons genauso gut?: Pf 122/123 – Innenraum: W 14 – Spiegelung: W 35 – Erleuchtung: W 95

Leben im Hier und Jetzt
Beschilderung: V 28 – Verpaßte Gelegenheit: Pf 46 – Ein schöner Tag: U 49 – Wie der Vogel: U 50 – Der gegenwärtige Augenblick: U 143 – Das Pendel: Sch 162/163 – Genießen: U 30/31 – Lieber Steine sammeln: Pf 45 – Keine Zeit zu verlieren: Sch 164 – Ein Gleichnis über das moderne Leben: V 101 – Ein Erstrahlen der Ewigkeit: U 109 – Himmel: W 61 – Illusion: W 16 – Das Wichtigste: Pf 34 – Wie ein Kind: U 130

Die Wirklichkeit und ihre Verwandten

Wirklichkeit
Einbildung: Pf 115 – Kräht der Hahn: Sch 92/93 – Wie man's sieht: Pf 32 – Wegweisung: Sch 93 – Vorurteil: W 54 – Wer von beiden ist der Blinde?: Pf 118 – Der Unterschied: U 132 – Was an einem kalten Tag zu tun ist: Sch 34 – Mißverstanden: U 22/23 – Was siehst du?: U 22

Wahrheit
Keine Anstrengung: U 78 – Das Erkennungszeichen: Pf 30 – Argwohn: W 98 – Bescheidenheit: W 42 – Wahrheit – nicht Job: Pf 34 – Der Zauberkasten: U 80/81 – Wirklich wahr?: U 28 – Verantwortung: W 34

Auf die Perspektive kommt es an!
Wie man es ansieht: U 28 – Rebhühner für einen Richter: Pf 121/122 – Keine gute Hausfrau: Pf 143 – Ich bin kein Ausländer: Pf 31 – Glückliche Tochter, unglücklicher Sohn: Sch 139 – Ernsthaft erkrankt: U 97 – Übergewechselt: U 134 – Tränen um die brennende Fabrik: Sch 138 – Atmosphäre: U 134 – Glück: W 19/20 – Laß mich heraus: Sch 182 – Die Türangeln: U 142 – Der invalide Fuchs: V 64 – Kontaktstörungen: Sch 115 – Diogenes: V 70 – Warum der Schäfer jedes Wetter liebt: Sch 187 – Der Hippie mit einem Schuh: Sch 41 – Löwenzahn: V 52

Leben ist Veränderung

Schreien, um seiner selbst sicher zu bleiben: V 49 – Antreiben: W 90 – Heilung: W 66 – Die Welt verändern, in dem ich mich verändere: V 110 – Akzeptieren: U 148 – Entfaltung: W 84 – Ungestört: U 78/79 – Wie die Schuhe erfunden wurden: Sch 160/161

Atmosphärische Störungen: Was tun mit Angst, Zorn, Wut und Hass?

Fast immer: U 20 – Der Zauberer und der Drachen: Sch 166/167 – Ich fürchte, du willst mich küssen!: Sch 178 – Psychiatrische Behandlung: Pf 132 – Anlage: W 47 – Fehler: U 23 – Lieber Ärger als Nachtisch: Pf 128/129 – Ein einziges Wort: U 40/42 – Wer von beiden?: U 37 – Gewalt: W 44 – Unterdrücken: U 169 – Gelassenheit: W 82 – Der unbewegte Buddha: Pf 104/105

Vom Haben und Sein

Ins leere Loch schauen: Pf 91 – Kein Jahr jünger: Pf 92 – Genau dort: Pf 99 – Der beste Tee: Pf 98/99 – Sokrates auf dem Marktplatz: Pf 98 – Distanz: W 48 – Nicht für eine goldene Schale: Pf 101 – Behalte deine Goldmünzen: Pf 101/102 – Wenn Gott mir nicht trauen sollte: Sch 59

Liebe heilt jeden. Das Glück im anderen entdecken

Zwischenmenschliches

Der Ton macht's: U 11 – Wie man's macht: Pf 44 – Absage – chinesisch: Pf 37 – Nicht hinsehen: Pf 105 – Woher kommt Arthritis?: Pf 138/139 – Johnny und der Ziegenbock: Pf 142 – Ich verspreche es: Pf 145 – Wirklich aufregend: Pf 86 – Auf Treu und Glauben: Pf 146 – Bequemer Magen: Pf 153 – Tierliebe: Pf 156 – Einklang: W 94 – Manipulation: W 101 – Wie man eine Wette gewinnt: Sch 179 – Schweigen ist Gold: Pf 137 – Theodore Roosevelt und der Jäger: Pf 137 – Ich habe dich auch satt: Pf 139/140

Liebe!

Vater, ich bin zurück: Pf 39 – „Ich war überzeugt, du würdest kommen": Sch 136 – Ein Rat aus der Praxis: Pf 166 – Tugend oder Leben: Sch 111 – Zuneigung auf die Probe gestellt: Sch 143/144 – Zusammengekettete Hunde: Sch 143 – Sie will nur mich: Sch 139 – Gibst du mir …: U 107 – Liebe mich, du Schuft!: Sch 142 – Ändere dich nicht: V 55. Das Mantra enthüllt: Pf 110/111 – Furchtlosigkeit: W 110 – Liebe: W 56 – Liebe vergißt: V 92 – Was heißt: so sehr?: Pf 26

Kinderglück

Wie soll er heißen?: Pf 22 – Die Teddybär-Theorie: Pf 22/23 – Neurotisch: Pf 43/44 – Gewußt wie: Pf 56/557 – Sie denkt, ich bin wirklich: Pf 43 – Amt oder Stand: Pf 53 – Begrenzung: U 68 – Das Handwerk gelernt: Pf 47/48 – Nimm zwei: Pf 50 – Klares Argument: Pf 57

Hilfreiches, damit Zusammenleben gelingt

Nächstenliebe
Wie man Tag und Nacht unterscheidet: Sch 150 – Freundlichkeit: W 72/73 –
Mit seinem ganzen Sein: U 153 – Christus kennen: V 85/86 – Der Wohltätig-
keitsball: Pf 159 – Barmherzigkeit und Dankbarkeit: Pf 162 – Strenge und
Barmherzigkeit: Pf 172 – Nicht für Spatzen: U 128 – Der Stein auf der Straße:
Sch 149 – „Schaff mir den aus den Augen": Sch 47/48 – Der Hund und der
Fuchs: Sch 74 – Omahs List: Sch 148/149 – Bäume pflanzen: Sch 149 – Der
heimliche Dienst: Sch 151 – Fachleute im Toreöffnen: Sch 60 – Der Gottes-
lästerer: Sch 145/146

Vergebung
Niemand: U 111/112 – Gottes Beruf ist zu vergeben: Sch 21/22 – Verständnis:
W 16 – Ich bin Falschgeld: Sch 152 – Urteil: W 82 – Verfolgen, um zu retten:
Sch 60 – Eine andere Sicht: U 150 – Buße tun: U 172

Ehrlichkeit
Heiße Luft: U 39 – Er tut nur so: U 59/60 – Der Scharlatan: V 72 – Ein Geschenk für die Mutter: Sch 147 – Sich bedienen lassen: Sch 146/147 – Der
nächste, bitte! Pf 160 – Sichere Zuflucht: Pf 160 – Eigene Propaganda: U 177

Den Wegweiser nicht mit dem Ziel verwechseln:
Vom Umgang mit Methoden, Gelehrsamkeit und anderem Absoluten

Methoden und Ideologien
Der Teufel und sein Freund: V 34/35 – Hinweise: U 84 – Die Formel: V 30 –
Wahre Geistigkeit: V 18 – Wessen Geschmack: U 166 – Wenn die Revolution
kommt: Sch 145 – Auf Kredit: U 102/103 – Größe: W 95 – Nicht-Unterwei-
sung: W 67 – Geheilter Schmerz: Pf 71 – Wem glauben?: Pf 65 – Das Gesetz:
U 50/51

Worte
Schau direkt auf den Mond: Sch 61 – Das verlorene Motto: Sch 62 – Wissen:
U 21 – Worte: U 39/40 – Universalität: W 57 – Bücher: U 118 – Wie dann?:
U 14/15 – Die feinste Sprache: U 36

Konvention
Die Katze des Gurus: V 52 – Wie der König: Pf 51 – Pragmatismus: W 18 –
Imitation: W 41 – Käfig ohne Gitter: Pf 116 – Völlig erschöpft: U 51 – Seine
Pflicht getan: U 194 – Auf der falschen Seite: Pf 52

Autoritäten und Idole
Alleinsein: W 41 – Die Laterne des Blinden: Pf 82 – Nachfolgen: U 179 – Der
richtige Arzt: Pf 64 – Einen anderen Arzt: Pf 72 – Der Arzt weiß es besser:
Pf 65 – Glück gehabt!: Pf 64 – Fachkundig: Pf 77 – Reaktion: W 26 – Sprach-
losigkeit: W 32 – Unterdrückung: W 42/43 – Blindheit: W 28 – Einfach essen:
U 32 – Selbstgerechtigkeit: W 54 – Die Aufgabe: U 172

Dem Geheimnis auf der Spur.
Von Gott, dem Leben und anderem Glück

Wer ist Gott?
Das Ungeheuer am Fluß: V 45 – Glaubst du: U 101 – Kompetente Auskunft:
U 70/71 – Der Stachel: V 14 – Von der Tat zum Gelächter: Sch 117 – Gott ist
hier draußen: Sch 31   Ausdruck: W 37 – Das Wort ward Fleisch: V 26/27 –
Nicht zu beantworten: U 23/24 – Entdeckung: W 38 – Gebet: W 100 – Beiseite
lassen: U 158/159 – Ein viel früheres Werk: U 174

Der Sabbat ist für den Menschen gemacht,
nicht der Mensch für den Sabbat – Religion und Glaube

Der Glaube und das „Bodenpersonal"
Falsch oder richtig?: U 139 – Was für eine Nachricht: U 132 – Geistige Erleichterung: W 22 – Laß den Zweig los: Sch 57/58 – Wie oft hast du an mich gedacht?:
Sch 22/23 – Der kleine Eisbär: U 112 – Die Religion der alten Dame: V 92 – Berichtigt die Heilige Schrift: V 40/41 – Größeren Mut: U 44 – Totalitarismus: W 56
– Zerstörung: W 90 – Sich zu erkennen geben: Sch 67 – Verwicklung: W 60 – Die
königliche Taube: V 15 – Was du tun kannst: Sch 93 – Vorsehung in Rettungs-
booten: Sch 90 – Erwachsensein: W 9 – Entkommen: W 29/39 – Bayazid bricht
die Regel: V 96/97 – Ein wirklicher Rabbi: Sch 69 – Kein Zutritt: Sch 74/75

Sünde(r)
Bequemlichkeit für den Teufel: V 81 – Hab Erbarmen: Sch 107 – Die größte
Sünde: U 93/94 – Zu viel Weihrauch: Sch 141 – Ein Gebet buchstabieren:
Sch 21 – Unvergeßlich: U 33/34

Askese
Zwei Sterne über dem Berg: Pf 111/112 – Das ist hier nicht der Himmel:
Sch 107/108 – Nicht bei Sinnen: U 105 – Der zu enge Heiligenschein:
Sch 105/106

Leben ist wie Zeichnen ohne Radiergummi
Leben ist mehr: Pf 173 – Gegensätzliche Richtungen: U 133 – Wer bringt das
Pferd zum Fliegen?: PF 173 – Samen statt Früchte: Sch 96 – Enthüllung: W 92
– Kooperation: U 25 – Philosophie: W 27 – Kausalität: W 39 – Berechnung:
W 40 – Was lieber?: U 54/55 – Harmonie: W 15 – Handeln und feilschen:
U 109 – Wer hat schon das Glück?: U 109 – Was dazwischen liegt: U 199

... und was kommt danach?
Nebensächlichkeit: W 44 – Bei den meisten: U 130 – Schon jetzt?: Pf 88 – Auf
der Durchreise: Pf 93 – Sokrates und das lyrische Gedicht: Sch 165

Mach dich glücklich!
Durstig: U 68/69 – Unglück: W 109 – Wie ein Schmetterling: U 203 – Glück:
U 17 – Der Lebenswunsch: U 126 – Begeisterung: W 55 – Du selbst: U 174

U = Anthony de Mello: Eine Minute Unsinn, Weisheitsgeschichten, Verlag Herder, Freiburg im Breisgau 1993

Sch = Anthony de Mello: Warum der Schäfer jedes Wetter liebt, Weisheitsgeschichten, Verlag Herder, Freiburg im Breisgau 1998

W = Anthony de Mello: Eine Minute Weisheit, Verlag Herder, Freiburg im Breisgau 1986

Pf = Anthony de Mello: Wer bringt das Pferd zum Fliegen?, Weisheitsgeschichten, Verlag Herder, Freiburg im Breisgau 1989

V = Anthony de Mello: Warum der Vogel singt, Weisheitsgeschichten, Verlag Herder, Freiburg im Breisgau 1984